気の錬磨

イタリア合気会 50周年記念

多田 宏 師範 写真集

KINOREMMA

Una Collezione Fotografica del Maestro Tada Hiroshi
A Collection of Photographs of Master Tada Hiroshi

50esimo Anniversario dell'Aikikai d'Italia
The 50th anniversary of the Aikikai of Italy

Foto di Yamamoto Kaori
Photographed by Yamamoto Kaori

序

人の繋がり

合気道多田塾主宰　多田　宏

　私は、昭和25年、早大学生で20歳の時、知人の紹介により生涯の師となる合気道開祖植芝盛平先生、心身統一法創始者中村天風先生を得て、その教えに励むこととなった。それから64年の時がたった。

　その間、数年をヨーロッパで過ごした。帰国後ヴァイオリニストの山川久美と結婚し、井の頭公園傍らにある妻の実家で過ごし始めた。当時隣家に居られた村尾昭賢師と知り合い、月窓寺に合気道道場が作られる事となった。

　このように顧みると、それは全て人と人の繋がり、そして人の助けによって成り立っていることがはっきりする。この世の中の出来事は人と人の縁によって結ばれているのである。

　合気道は人と人の結びつきを大切にする武道である。稽古の主眼は「生命力を高め、その力を人と対立する執着には使わず、心を鏡の如く集中的に使い、同化、統一、三昧に至り、宇宙の進化と向上に寄与する。」ことである。この教えは、日本民族が持つ日本文化の根底をなすものでもある。世界が混迷を増すこの21世紀に於いて、合気道は益々その存在感を高めることになるであろう。

　ここに、イタリア合気会創立50周年を記念して、素晴らしい記念誌が発行されたことは、とても有難いことだと思っている。

目次

- 序　人の繋がり　　多田 宏　　2
- 合気道とは　　4
- 安定打坐　　6
- 活力吸収法の誦句　　12
- 呼吸法
- 誓詞
- 透明な心　　18
- 天の浮橋
- プラナヤマ
- 力の誦句
- 阿と吽
- 笑い　　24
- 振魂
- 宇宙の子として　　35
- 自分が主宰者
- 絶対的観念と相対的観念　　40
- 連想行
- 留まる心と病　　48
- 合気道に型はない
- 心は音楽家、身体は楽器
- 全身に気を入れる　　56
- 同化力
- 先の先
- 磁石の手
- 線を描く
- 相手を見ない
- 気の流れ　　64
- 動けば技が生まれる
- 乗る　　72
- 三昧境へ
- 武道は技術ではない。生き方である。　　83
- 多田 宏　師範　略歴　　84
- 多田先生と月窓寺道場　　後藤 喜一　　86
- あとがき　　山本カオリ　　87
- 和歌　　多田 久美　　88
- イタリア語翻訳　　カパンネリ・ジョヴァンニ　　89
- 英語翻訳　　斎藤 兆史　佐能 秀明

合気道とは

合気道は現代に活きる武道である。
現代に活きる武道とは何か。
それは命の力を高め、
命の使い方の法則を確立し、
日常生活に活かす武道である。
植芝盛平先生は、おっしゃった。
「合気道が日常に活かせるようになったら、
その合気道は本物だ。」

安定打坐

安定必ずしも山水を須いず
心頭を滅却すれば火も自ずから涼し。

活力吸収法の誦句

神韻縹渺(しんいんひょうびょう)たるこの大宇宙の精気の中には
われら人間の生命エネルギーを力づける
活力なるものが、くまなく遍満存在している。
今われわれは、プラナヤマ法と称する特殊の密法を用いて
この活力を、五臓六腑は勿論、四肢の末端に至るまで
深甚なる感謝をもって思う存分頂くのだ。

呼吸法

地球的な条件で酸素は血液に受け入れる。
宇宙的な条件で宇宙の知恵と力を神経系統を通じ
全身の神経叢、細胞に練り込むと断定して行う。

誓詞

今日一日 怒らず 怖れず 悲しまず、
正直 親切 愉快に、
力と 勇気と 信念とをもって
自己の人生に対する責務を果たし、
つねに平和と愛とを失わざる
真の人間として活きることを、
誓います。

透明な心

怒り、恐れ、悲しみ、妬み、嫉み‥‥
対象に心がとどまると、このような念が生ずる。
武道ではそのような状態を隙があるという。
隙のない生活をすることが大切だ。
しかし隙がないというのは構えることではない。
構えると隙にとらわれて隙ができる。
心が透明で、対象をよくわかっている。
わが目の前に敵は在れども、心のなかに敵はなし。

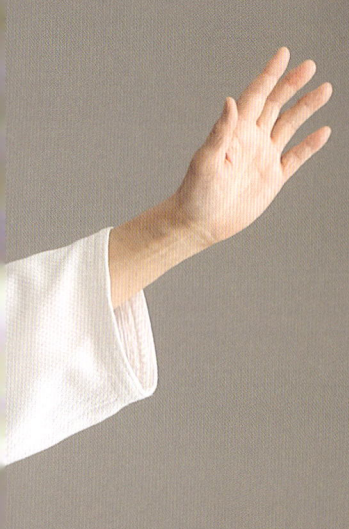

天の浮橋

「天の浮橋に立たねばなりませぬ。」
と、植芝盛平先生はよくおっしゃっていた。
そのお言葉は中村天風先生の教えによって
理解が深まった。
それは呼吸法によって
宇宙の知恵と力を頂き
宇宙と同化することなのだ。

プラナヤマ

収気の法、養気の術とも言う。
呼吸で大宇宙の根本の力、宇宙の気を受け入れる。
宇宙の知恵と力がこの世の中をあらしめている。
その力によって我々は生かされている。
宇宙から力を頂き、自分の力に変え、使わせて頂いている。
人間はダイナモでありバッテリーだ。
呼吸法とは、バッテリーに充電するのと全く同じだ。

力の誦句

私は力だ。
力の結晶だ。
何ものにも打ち克つ力の結晶だ。
だから何ものにも負けないのだ。
病にも 運命にも
否 あらゆるすべてのものに打ち克つ力だ。
そうだ!!
強い 強い 力の結晶だ。

阿と吽

足の裏と頭のてっぺんを結んで気を通す。
阿は宇宙の始まり、吽は宇宙の完成を意味する音だ。
余分な緊張を取り去る。完成する。
宇宙の知恵と力そのものになりました。
そういう気持ちで行えと昔から言われている。

笑い

笑いながら陽の気の働きに同化する。
宇宙はエネルギーの根本、プラーナの振動によって成り立っている。
気と気の振動、波動といってもいい。
ものを作り出すプラスの波動。
そして、一瞬にして元のエネルギーに戻すマイナスの波動。
笑いで余分な緊張を取り去り、プラスの波動に同化する。

あはははは
いひひひ
うふふふ
えへへへ
おほほほ
んんんん

振魂

祓戸大神。祓戸大神。
わが心、宇宙の心と一体なり。
公明正大な宇宙の心と一体なり。
祓戸大神と一体になる。

天照大神。天照大神。
宇宙の大きな力のシンボル。
天照大神と一体になる。
われは宇宙の知恵と力の結晶なり。
私は力の結晶だ。
事実我々は宇宙の知恵と力の結晶だ。

天之御中主大神。天之御中主大神。
宇宙創造の神。
わが命の始まりは、宇宙の始まりと同時なり。
わが命、大宇宙生命の一点なり。
われは宇宙と一体なり。

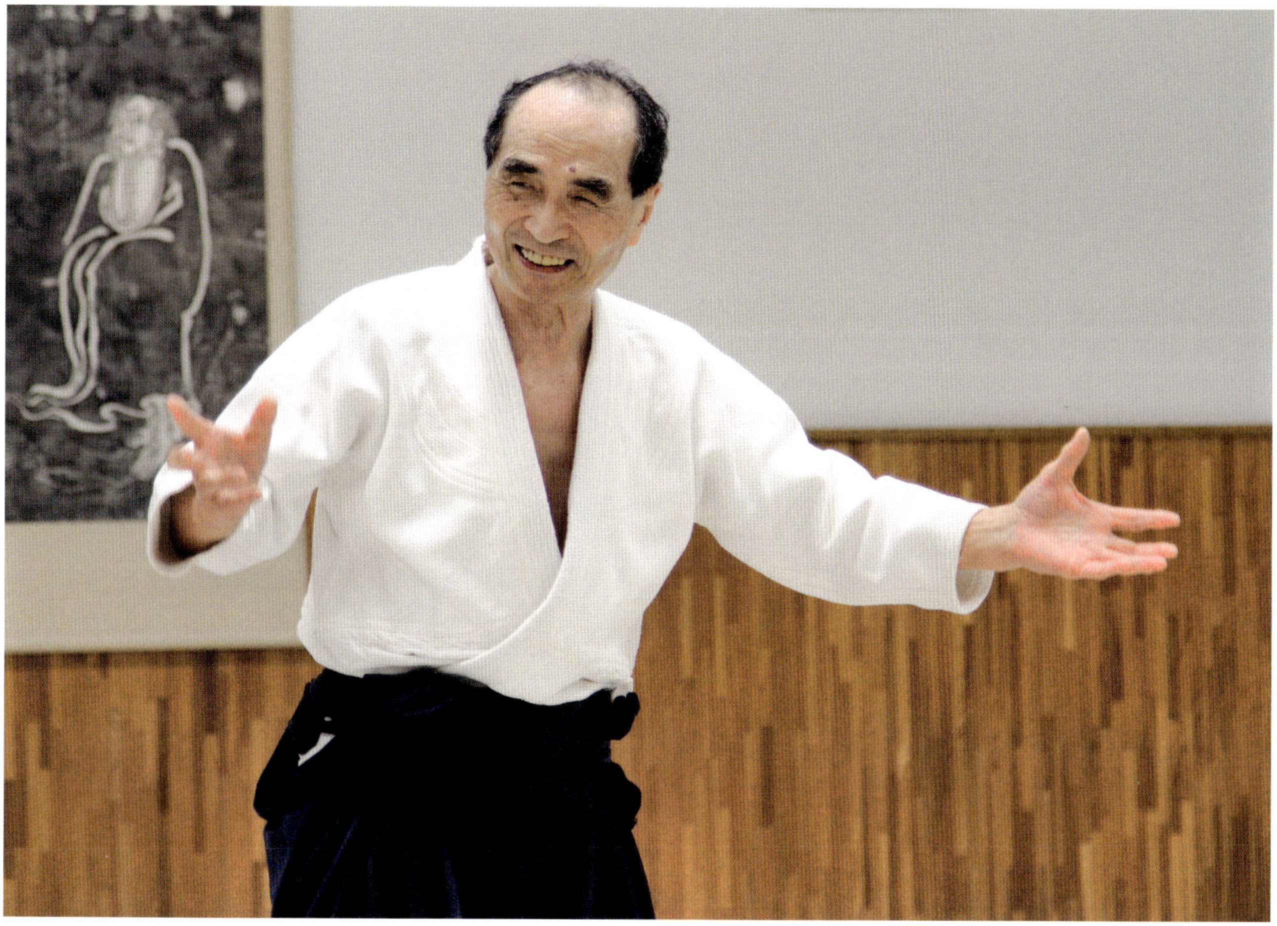

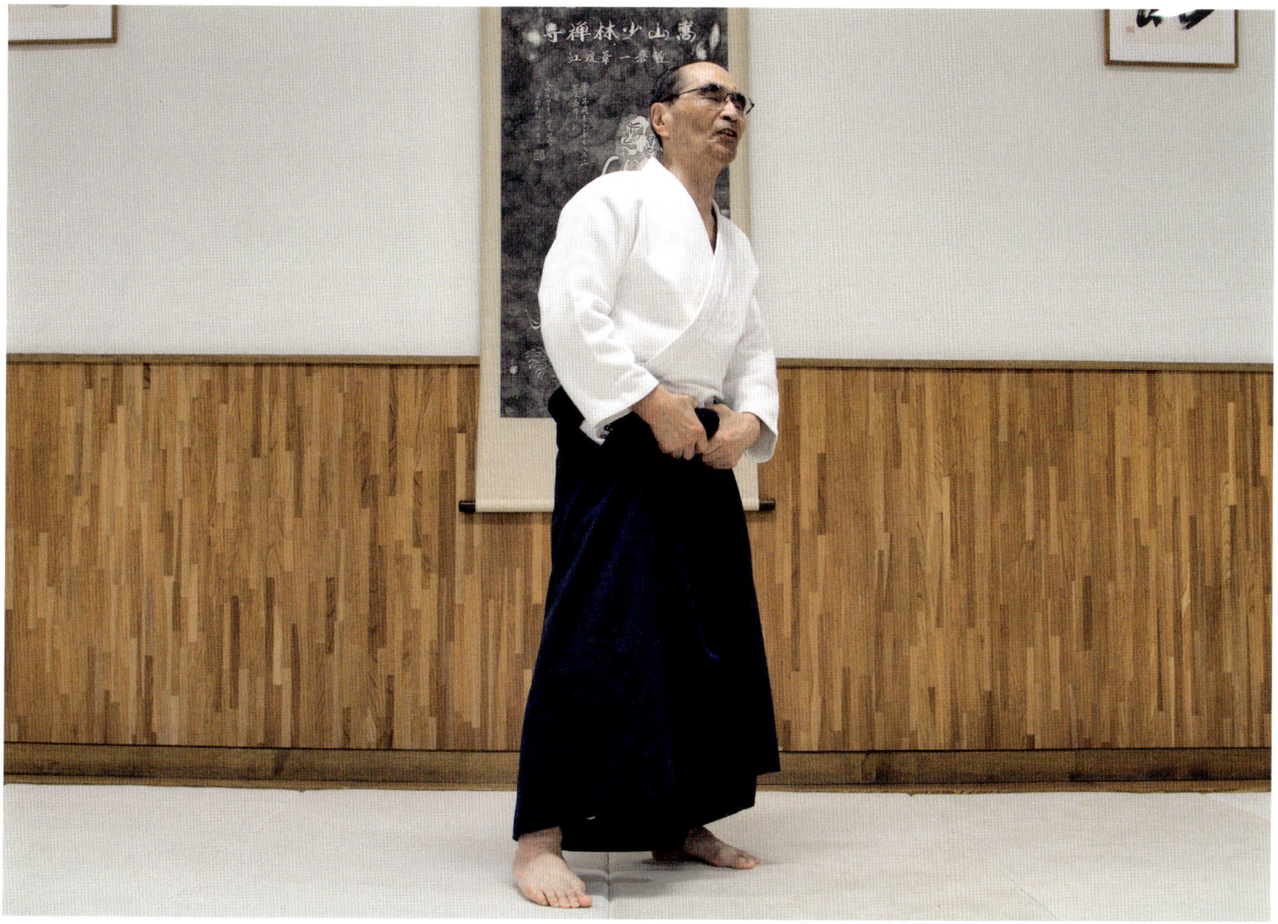
嵩山少林禅寺

宇宙の子として

人間は宇宙の子である。
だから場を主宰していくようにしなければいけない。
我々の命は、宇宙をあらしめている知恵と力の結晶だ。
宇宙の子としての人間だ。
宇宙から与えられた透明な姿、進化と向上に寄与するような心。
それによって場が主宰できる。

自分が主宰者

自分が場を主宰するというのは、なんでも勝手にやるという意味ではない。
宇宙から与えられた自分という場を、宇宙の子として責任を持って主宰する。
そこでは、どんなことがあっても自分が主宰者だ。
どんなに偉い人が来ても、自分より強い人が来ても同じだ。
決して相手と対等になってはいけない。
相手を気にしてはいけない。
けれど無視するのではない。
よく分かってるけれどとらわれないのが大切。
心に曇りがない状態になる。
明鏡止水。
明らかなること鏡の如し。

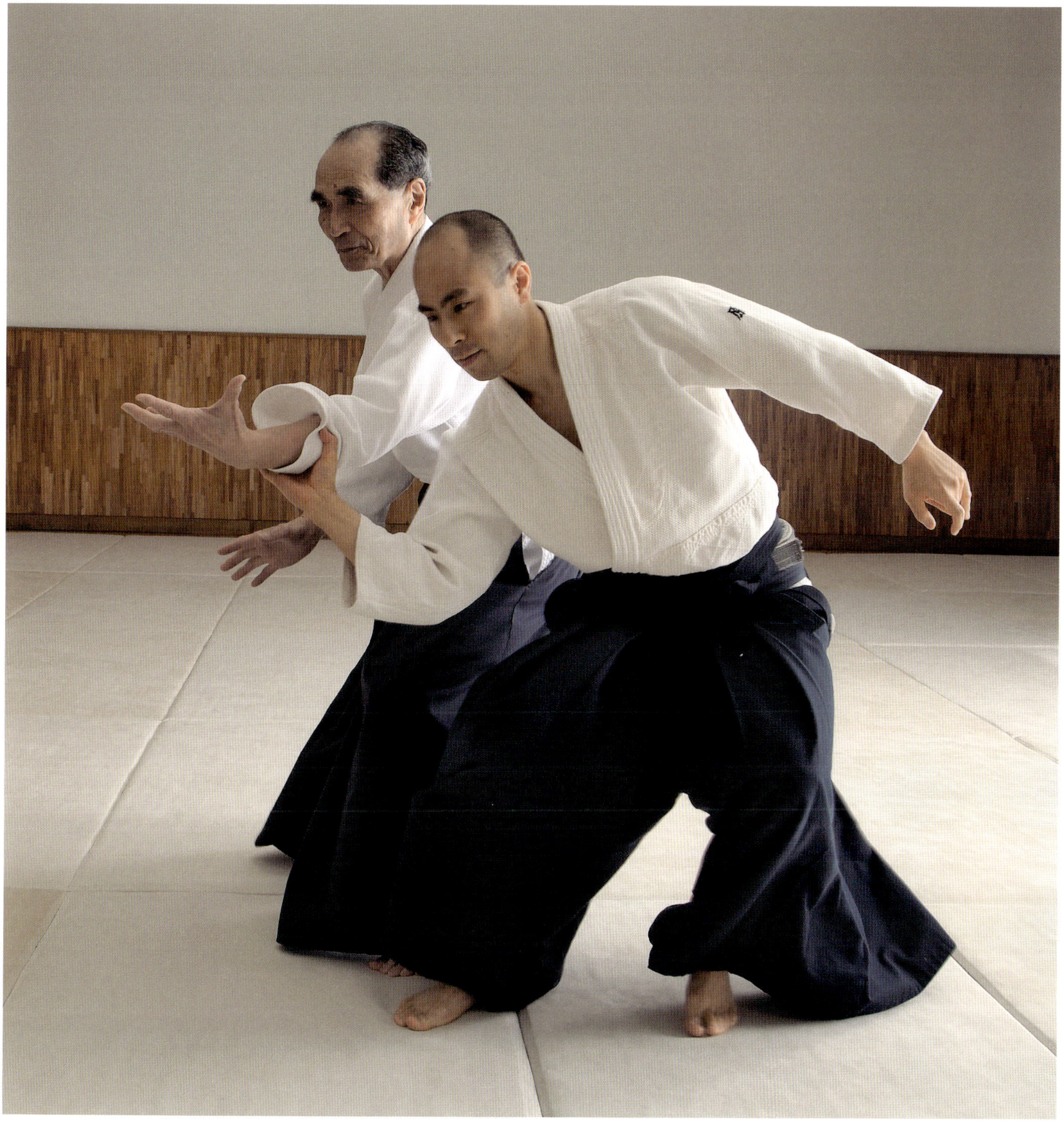

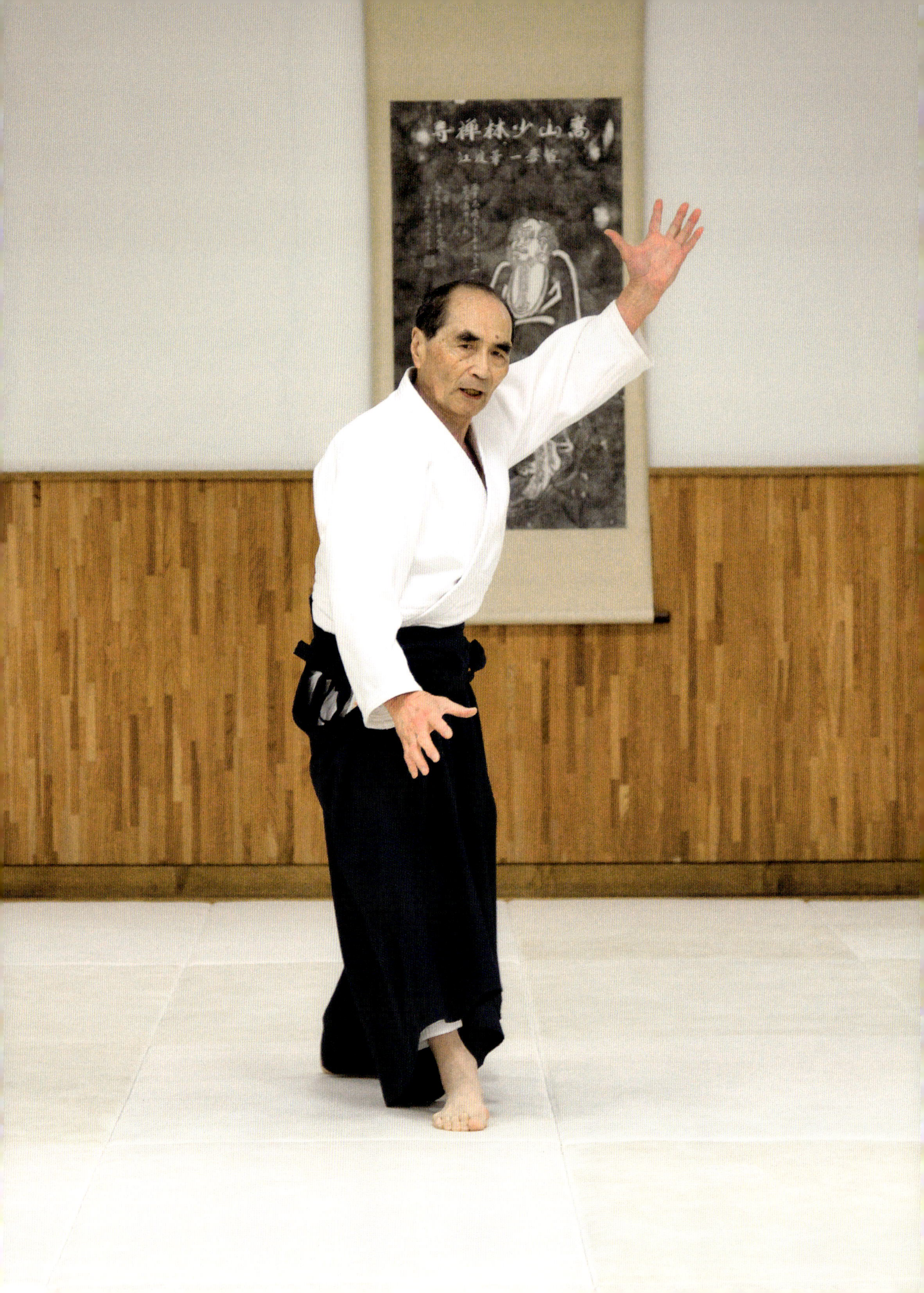
嵩山少林禅寺

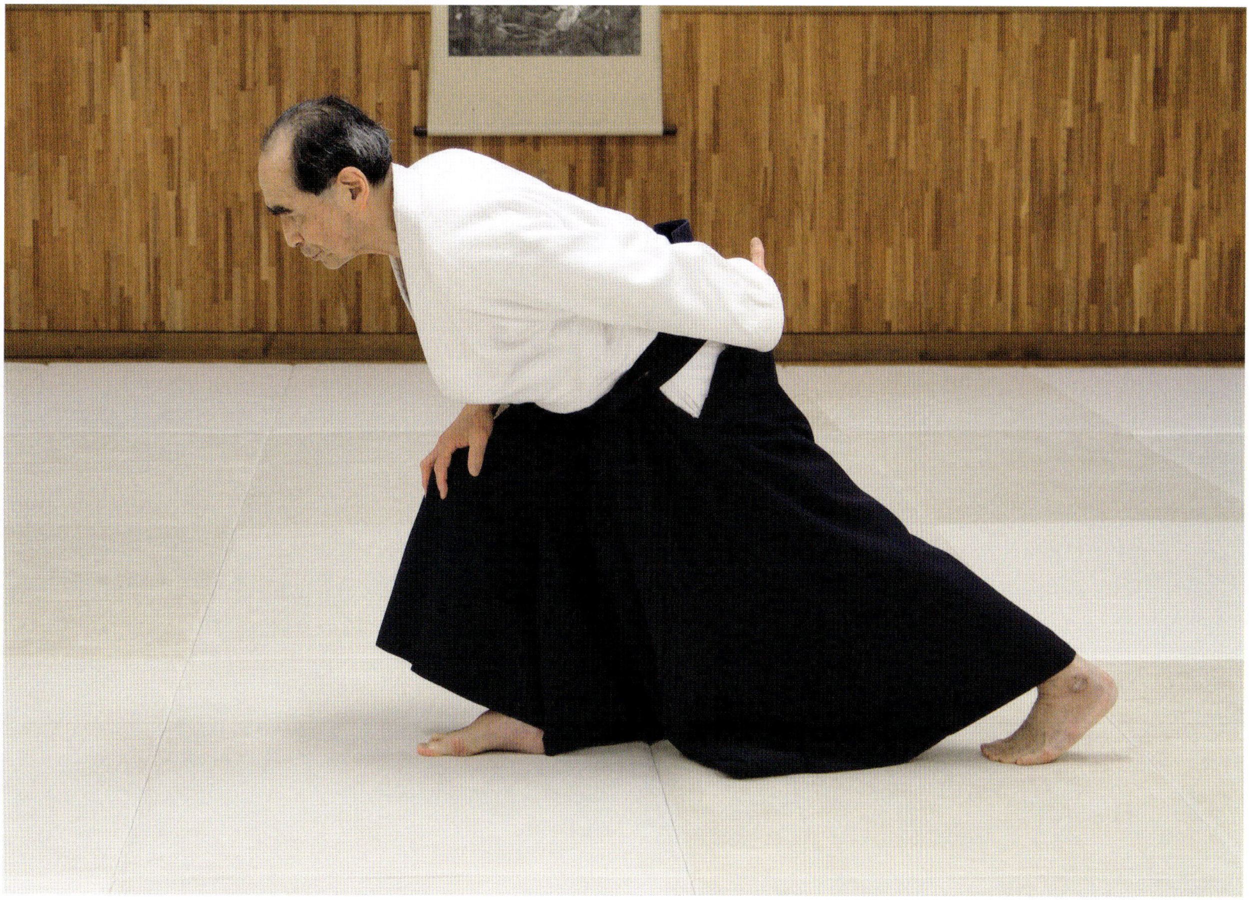

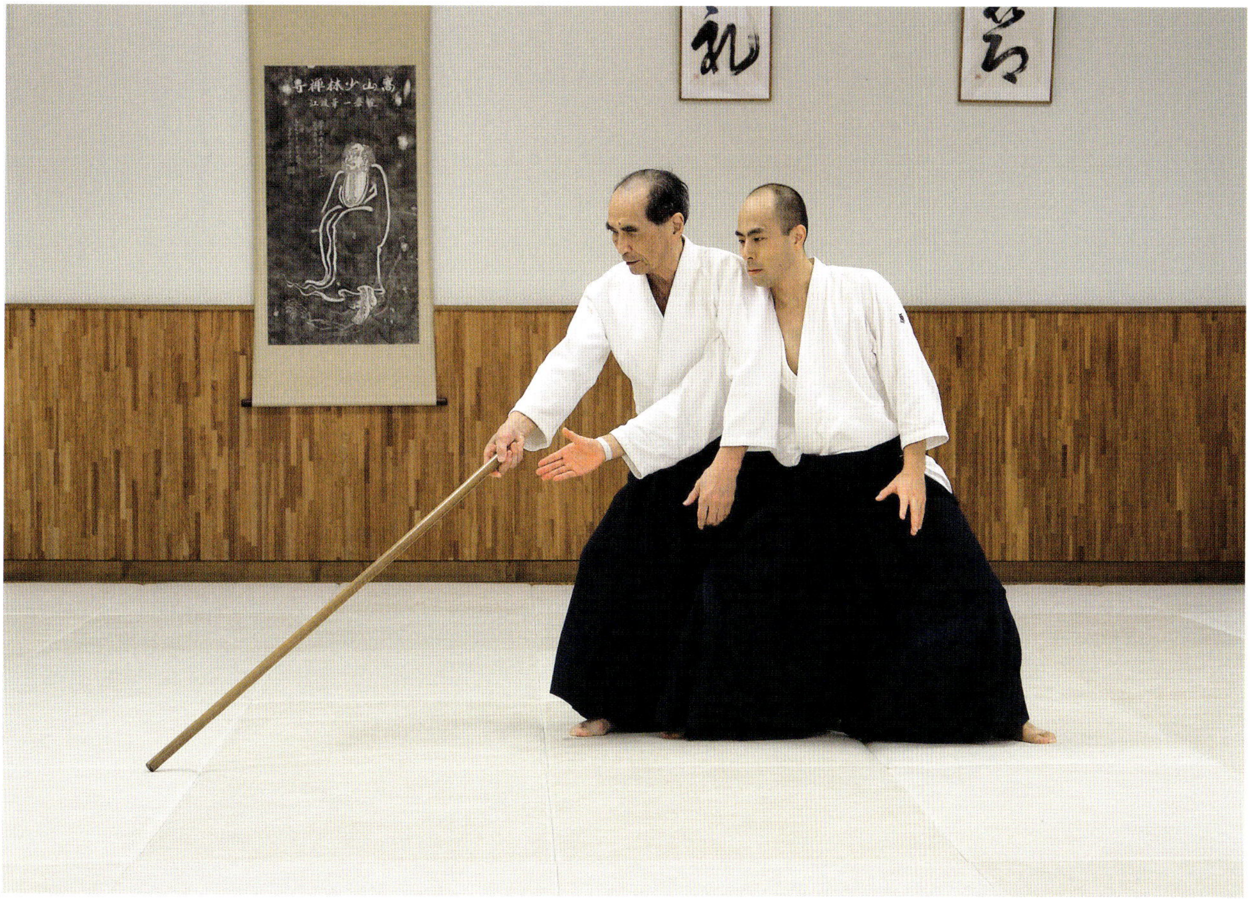

絶対的観念と相対的観念

対象にとらわれない。
そして対象そのものに同化するのが絶対的観念だ。
これに対して相手と対立し
力と力がぶつかり合うのが相対的観念である。

留まる心と病

対象にとらわれて留まる心、
留まる身体になっていると病にかかりやすい。
一見強そうだけれど、弱い。
対象にとらわれて執着の塊になるからだ。
病に自分が取りつかれて
病にのり付けされたみたいになる。
それは集中ではない。
執着、傾注というのだ。
病になった時は、川に流れる木の葉のように
まず病にまかせる。
そして宇宙の力を受け入れて
病を忘れることだ。
心やすらかに自然の治癒能力が働くのをゆったり待つ。
つまり命の力の使い方だ。
武道の技も同じ。
職人のもの作りも、病を治すのも、
全部命の使い方だ。

40

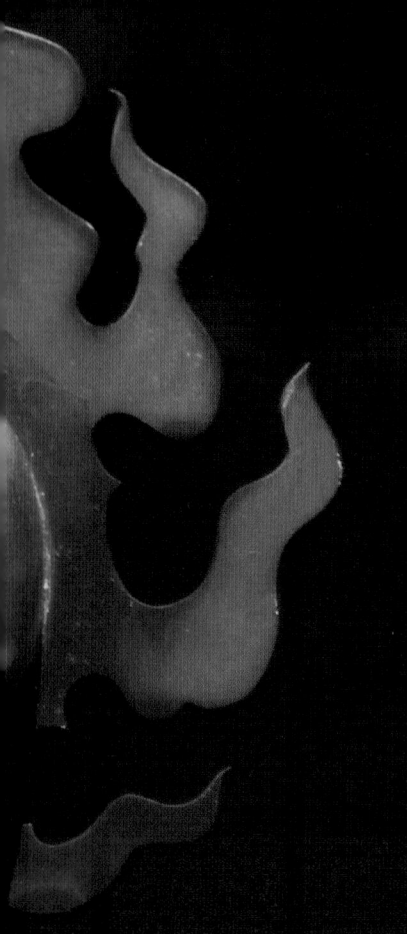

連想行

パッと無心になる。
それから上手にできている状態を描く。
音も聞こえる、触覚も感じる。
同化的にやる。
連想行を夜やるときは
一日なにがあったか克明に描く。
あまり上手くいかなかったことは
上手くいったように訂正する。
手を洗うのと同じだ。
マイナスは絶対に描くなというのが鉄則だ。
プラスのことを描けば
宇宙の力がちゃんと入って来て
必要なものが現れる。
それが命の力の現れだ。

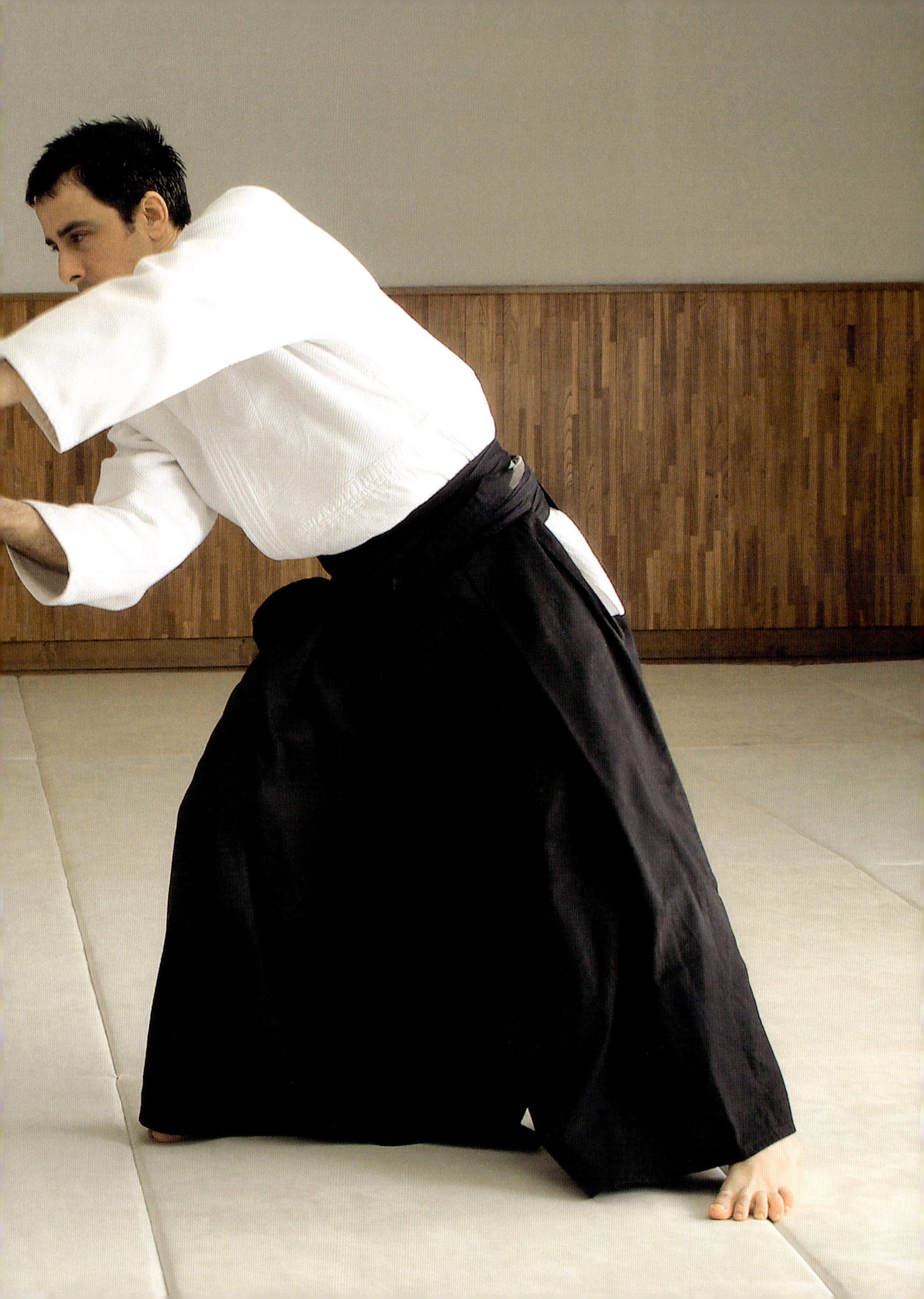

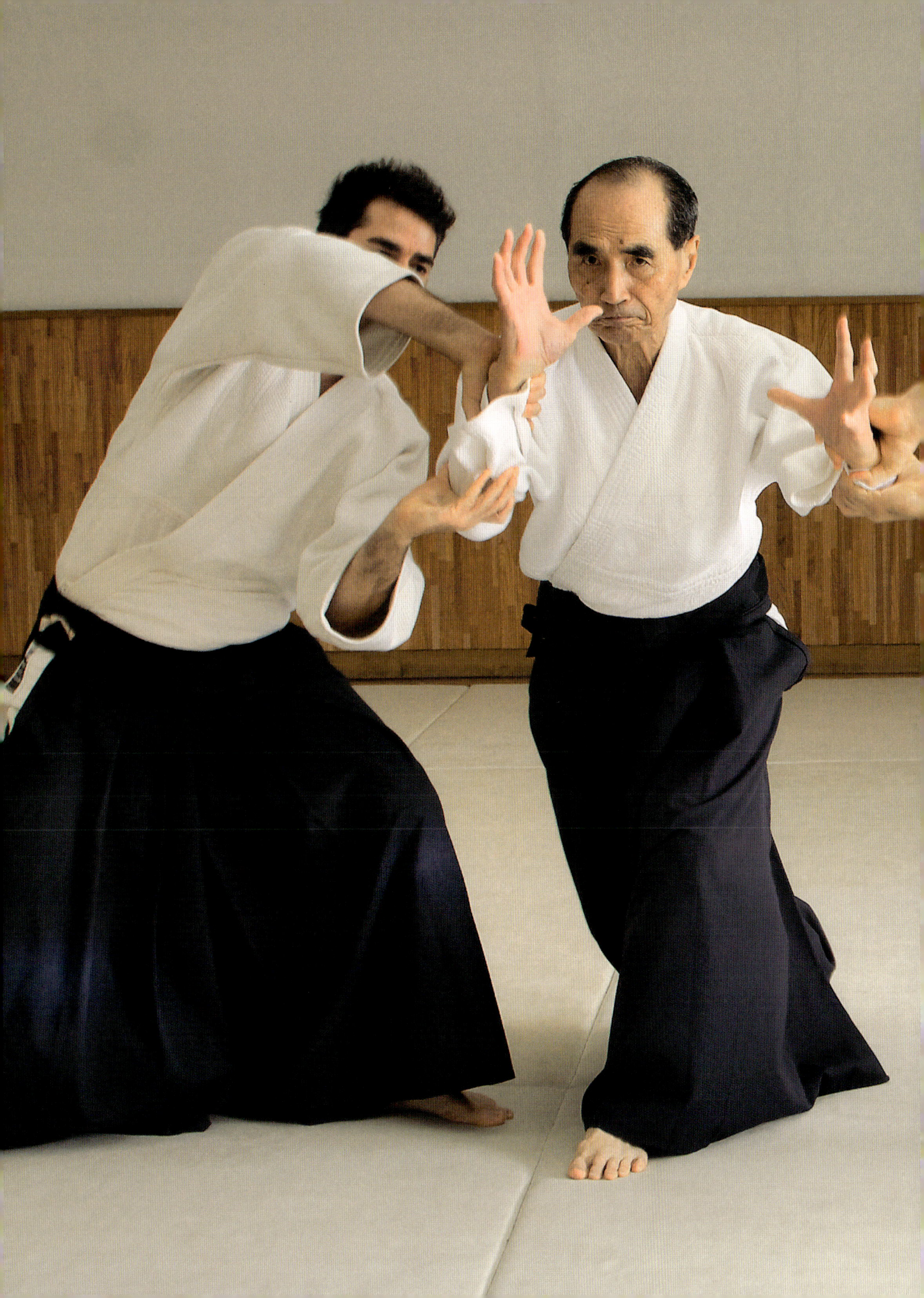

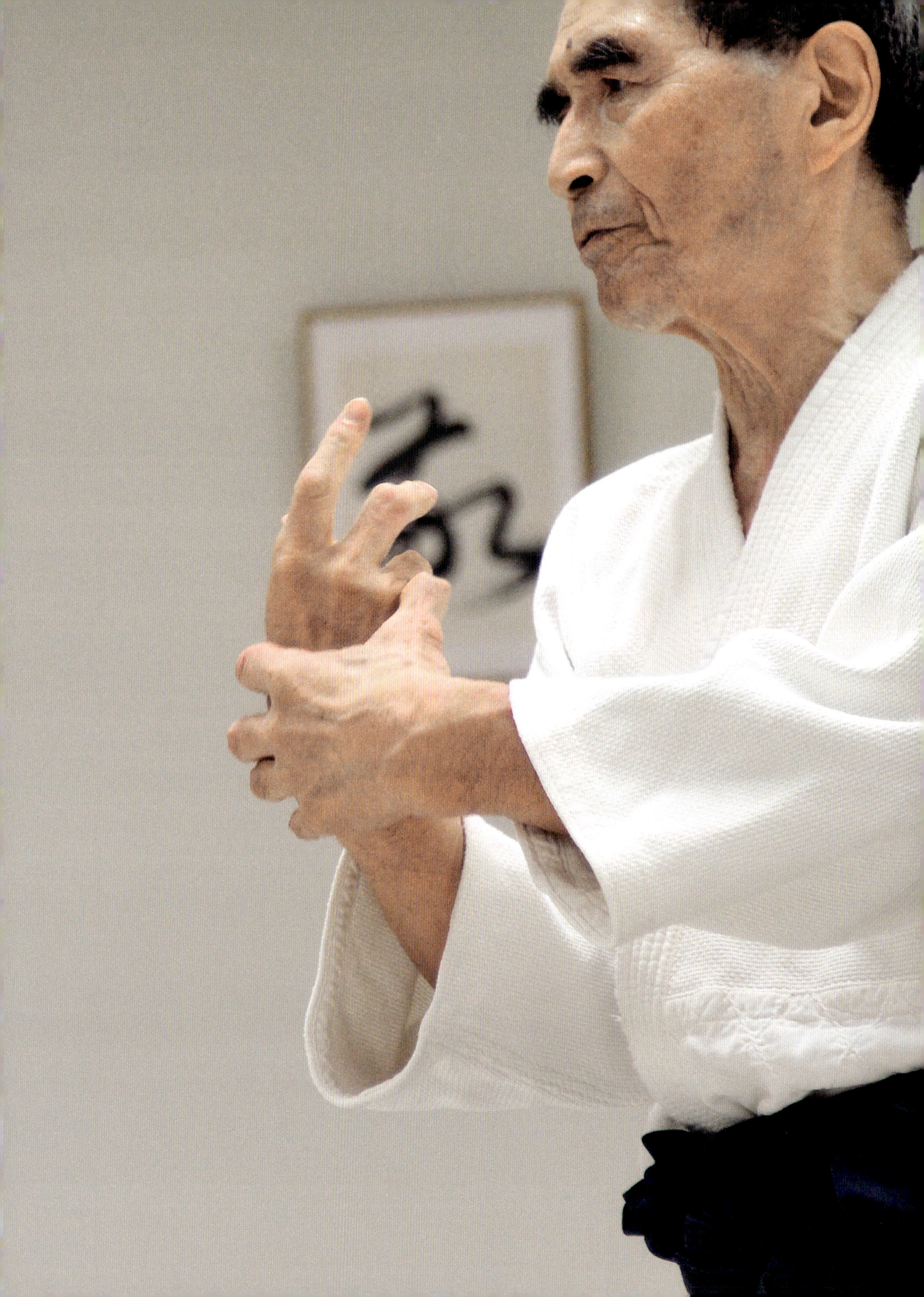

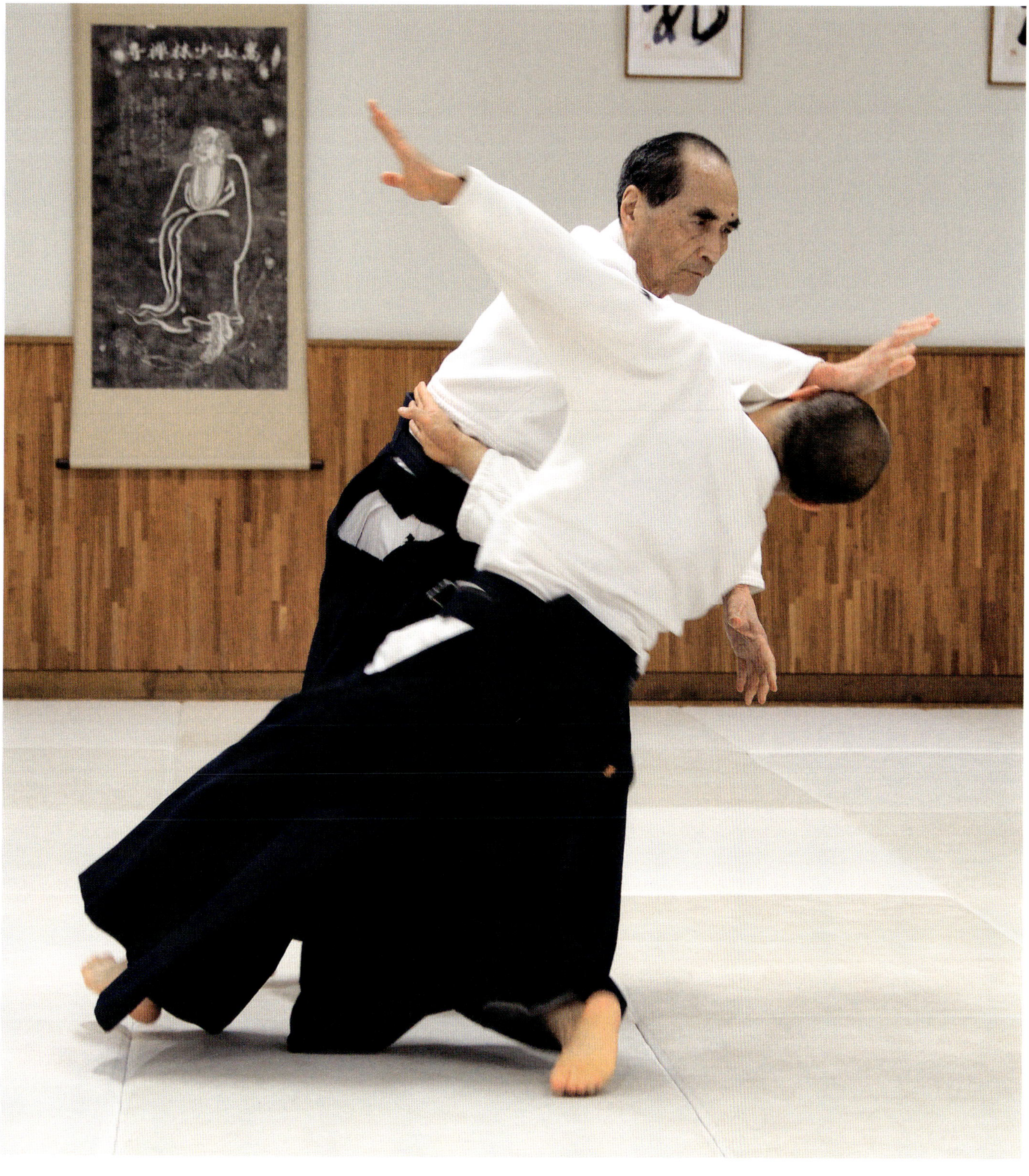

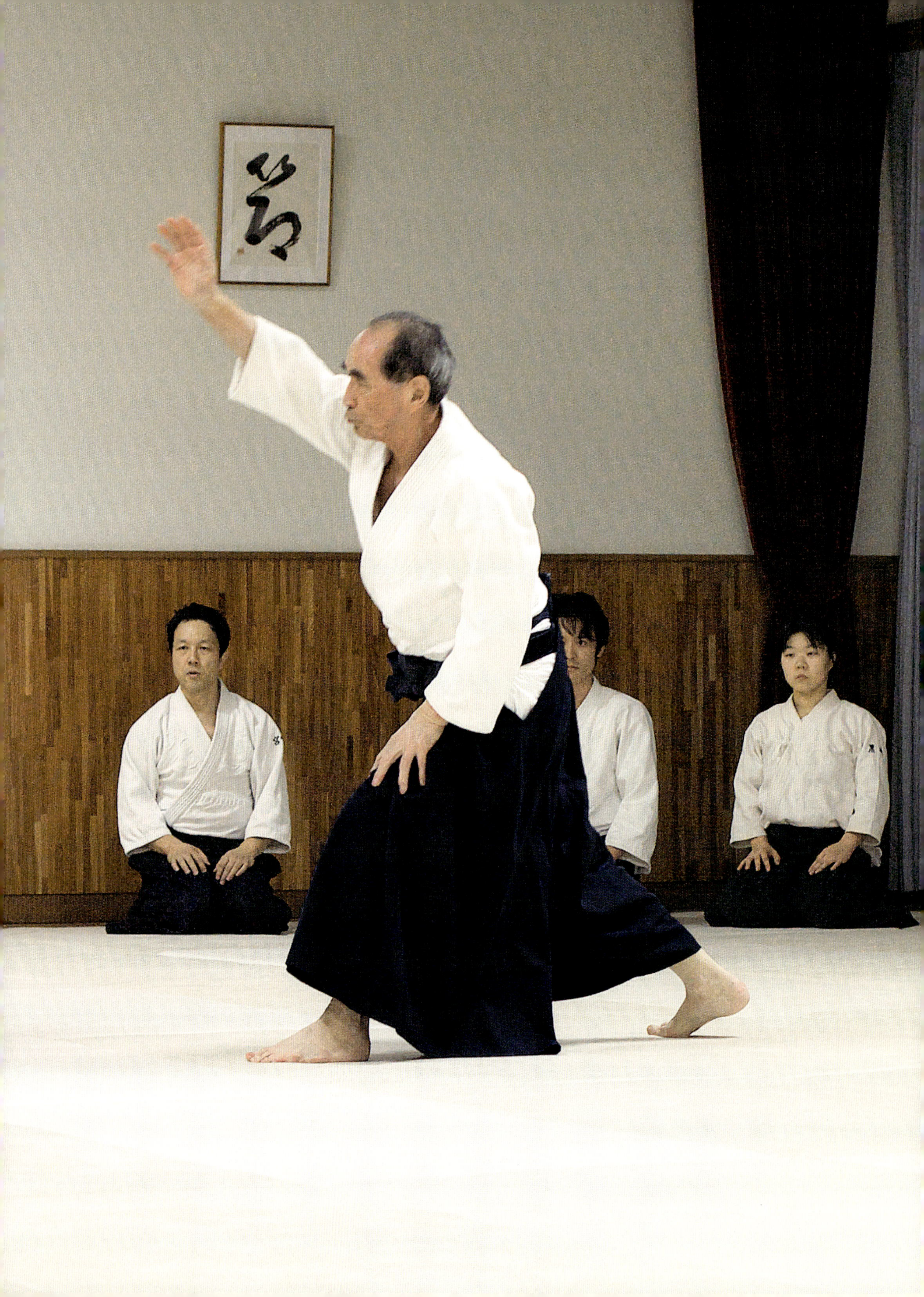

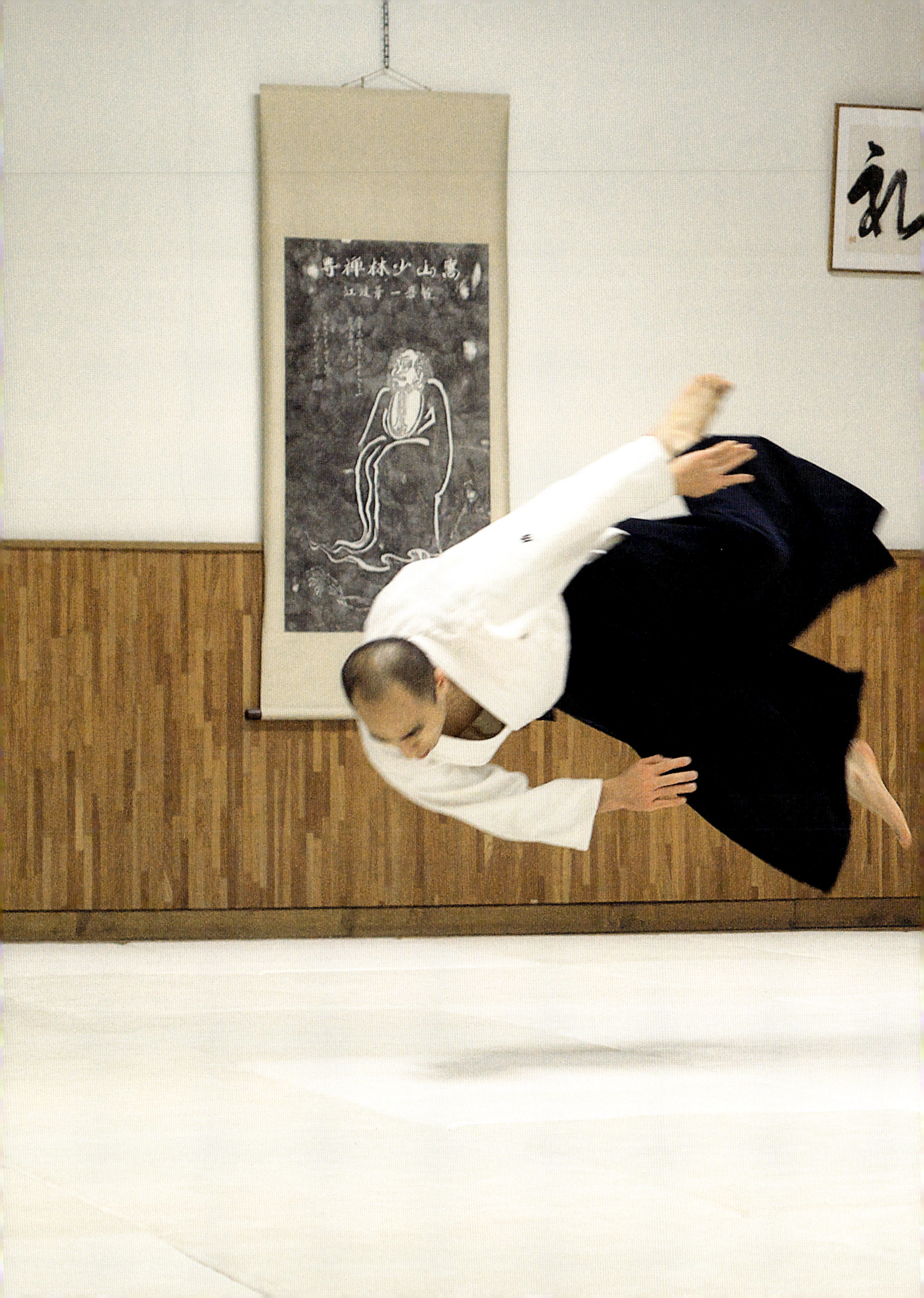
嵩山少林禅寺

合気道に型はない

植芝盛平先生は「合気道に型はない。」とよく言われた。

技の形を覚えるのは、この形を有らしめている法則を覚えるためだ。

形のない見えない法則は、どんなものでも応用が利く。

方程式を有らしめている法則をきちんと覚えていくことが大切だ。

心は音楽家、身体は楽器

合気道という音楽を演奏しようと思ったら音楽家である心と、それを表現する身体、上等な楽器である身体が必要だ。

呼吸法・連想行・安定打坐でよく練り込んでいく。

自分の身体をストラディバリのように仕上げる。

そうすれば立派な合気道という音楽が演奏できる。

全身に気を入れる

透明な宇宙の世界にフッと同化する気持ちになる。
肛門が締まって腹に気合が入って
あとはゆったりとしていること。
力を抜く代わりに呼吸が入っている。
それを全身に気が入っているというのだ。

同化力

力は同化的に使う。
対立的には使わない。
自分の呼吸と宇宙の気の響きが同化する感覚で
流れるように力を使う。

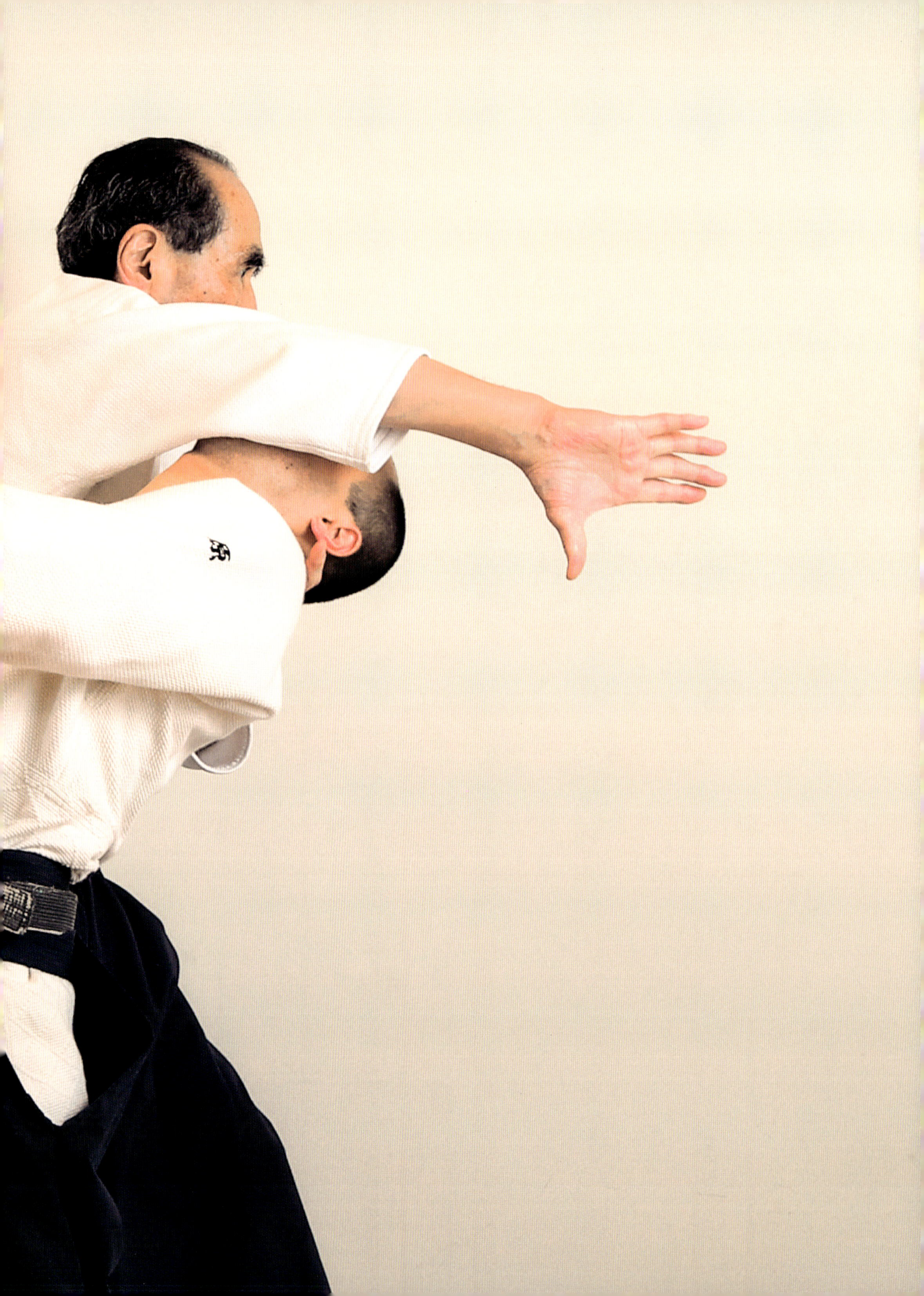

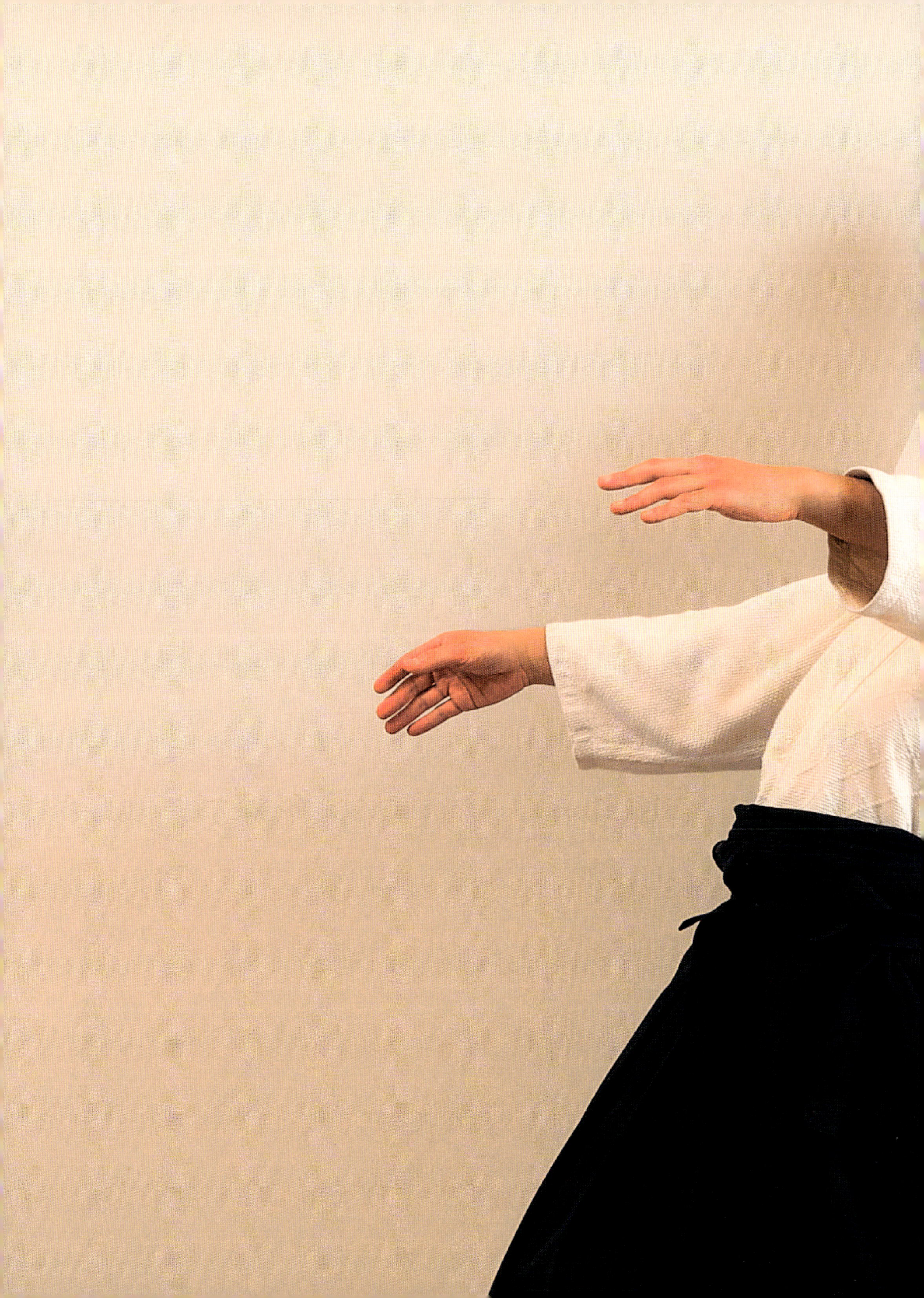

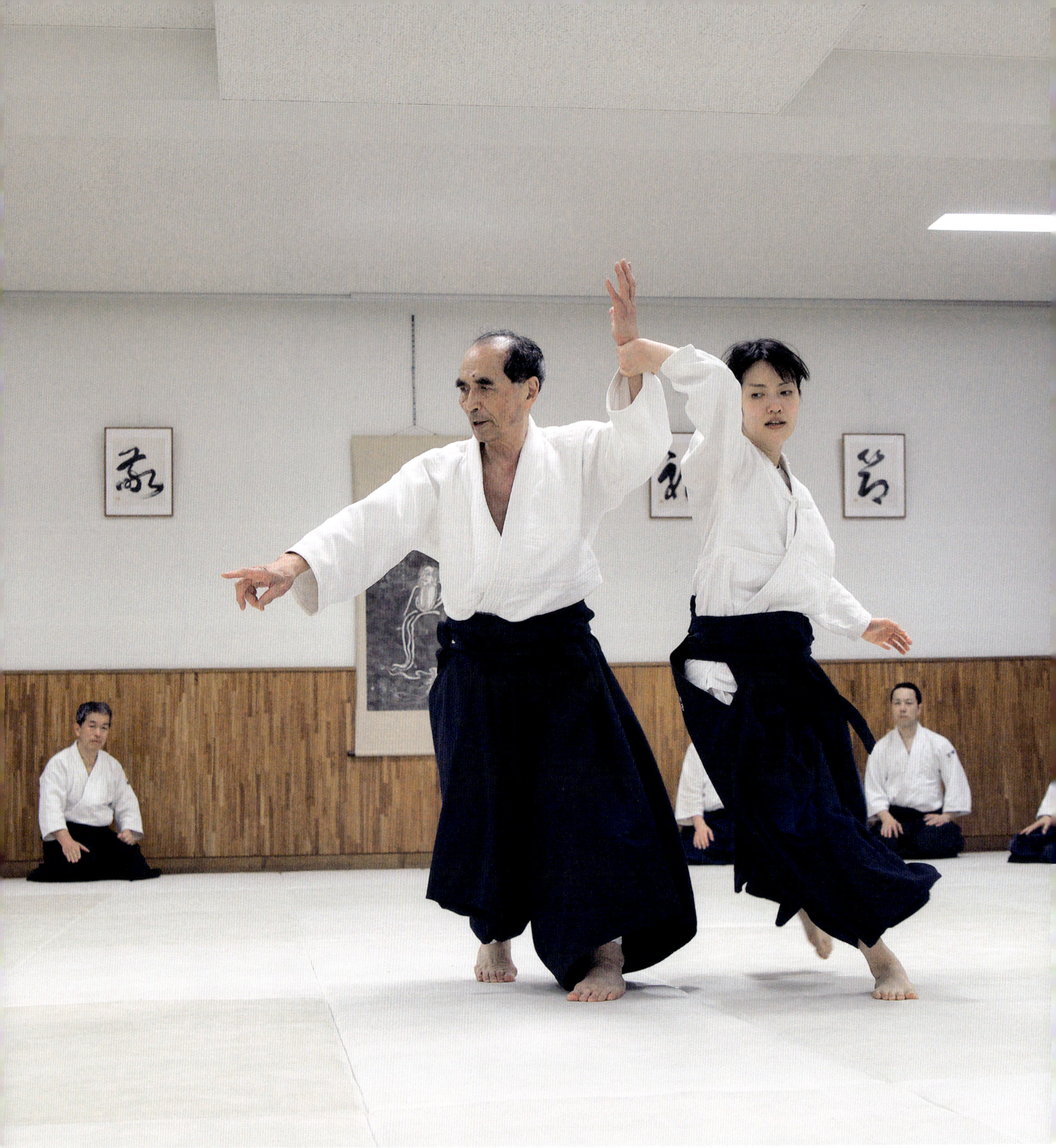

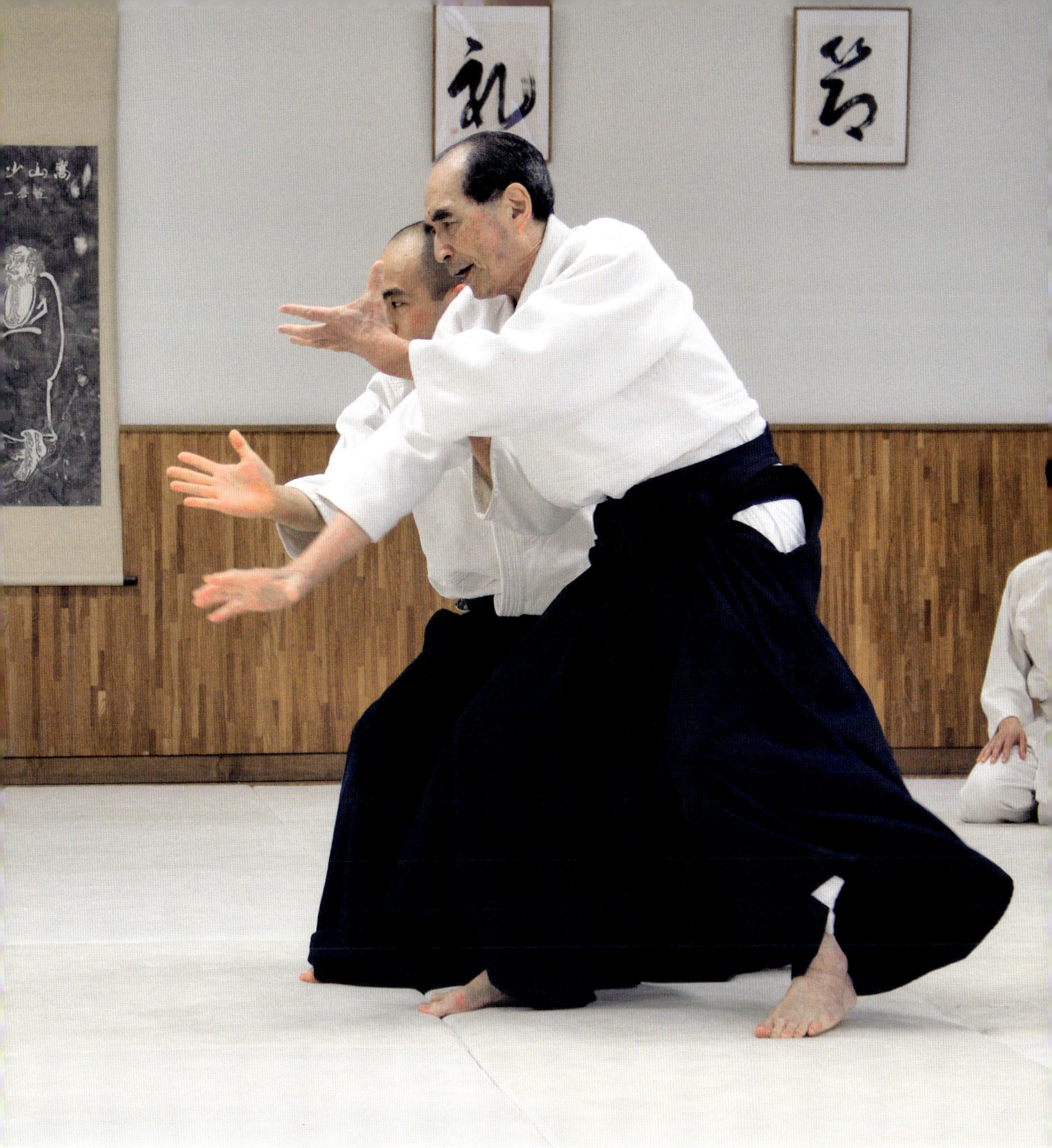

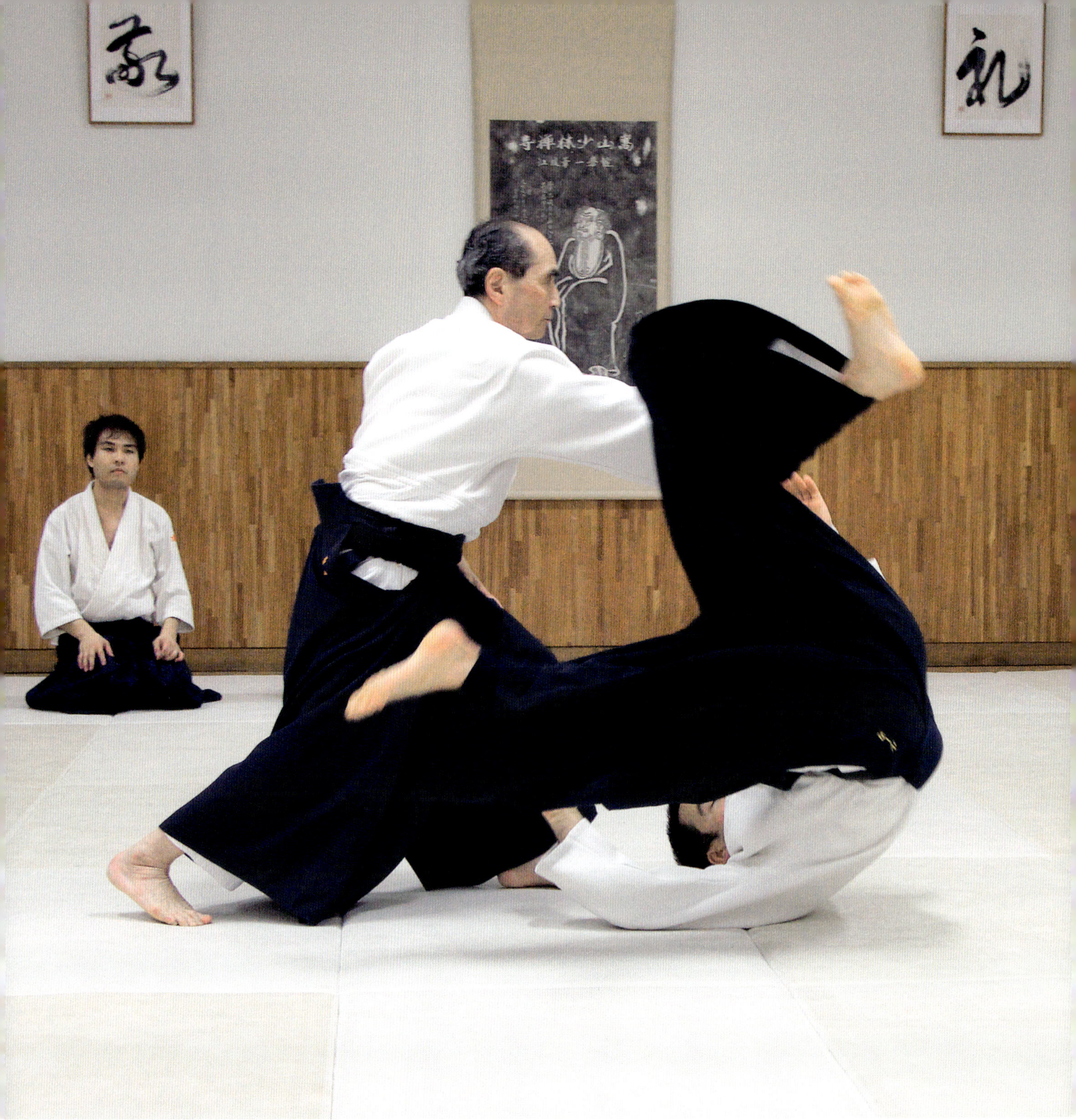

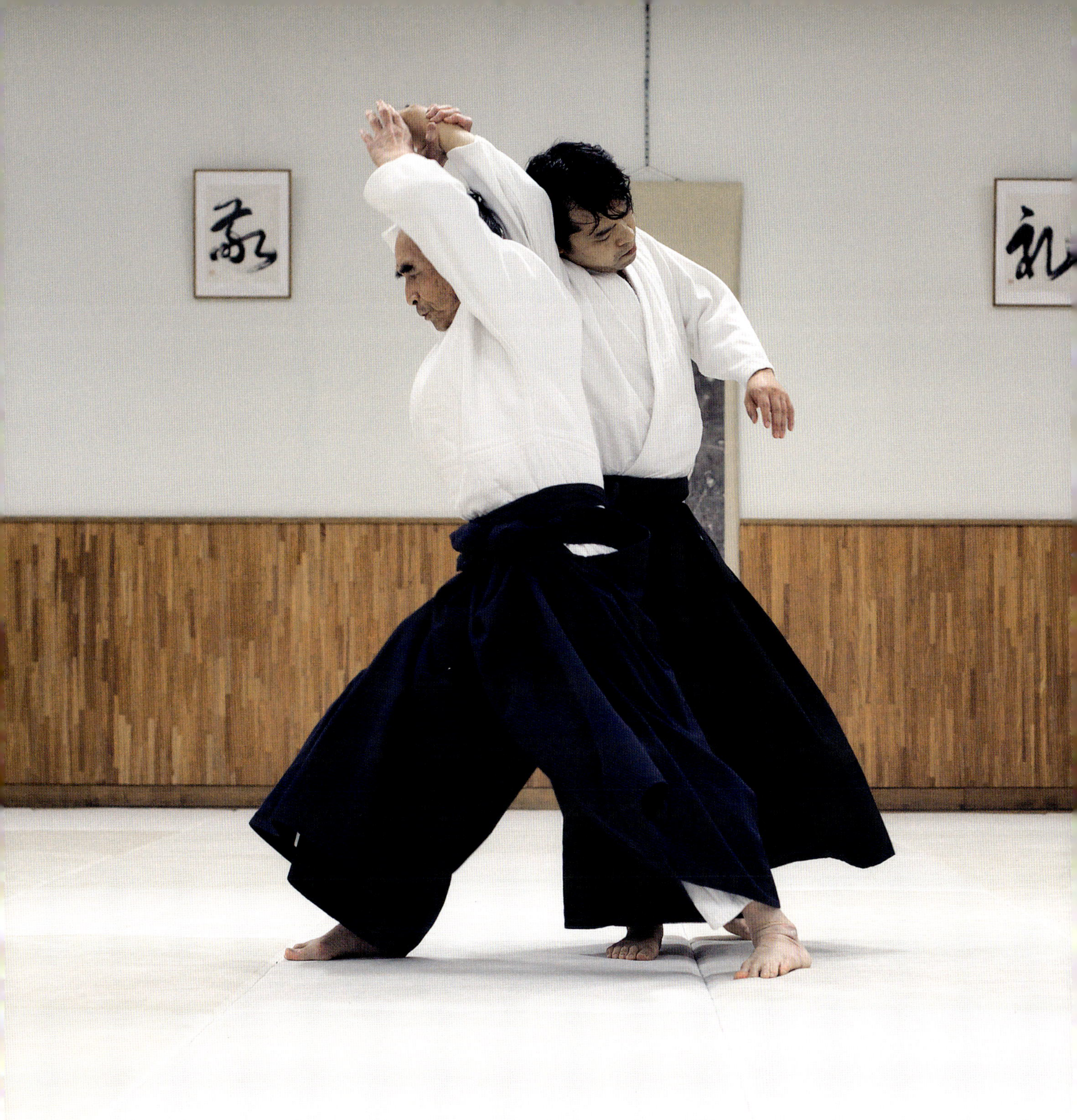

先の先

気力をもって迫り相手に面を打たせ、肩を持たせる。
必ず先に場を作る。
それを先の先(せんせん)という。
武道は先の先を稽古していくものだ。
マイナスが生じない状態を、先に作り出して行く。
そして自分が相手に触れたときには
八割方自分の技が完成していなければいけない。

磁石の手

必ず自分から磁石のように手を出して呼び出すのだ。
絶対に潰れない手。
緊張しない手。
恐れない手。
何があっても迷わない手。
ブーンと響きが宇宙にひろがっていくように手を出すと
相手の手がスッと吸い込まれるように
自分の手の中に入ってくる。

線を描く

刀を使うように想定した線がある。
自分の動きを想定した線がある。
四方八方に、はっきり描く。

相手を見ない

45度の先、目線を落としたままで自動的に動く。
触覚で感じるように。
これは頭で考えてもわからない。
どんどん稽古して身につけてゆくしかない。

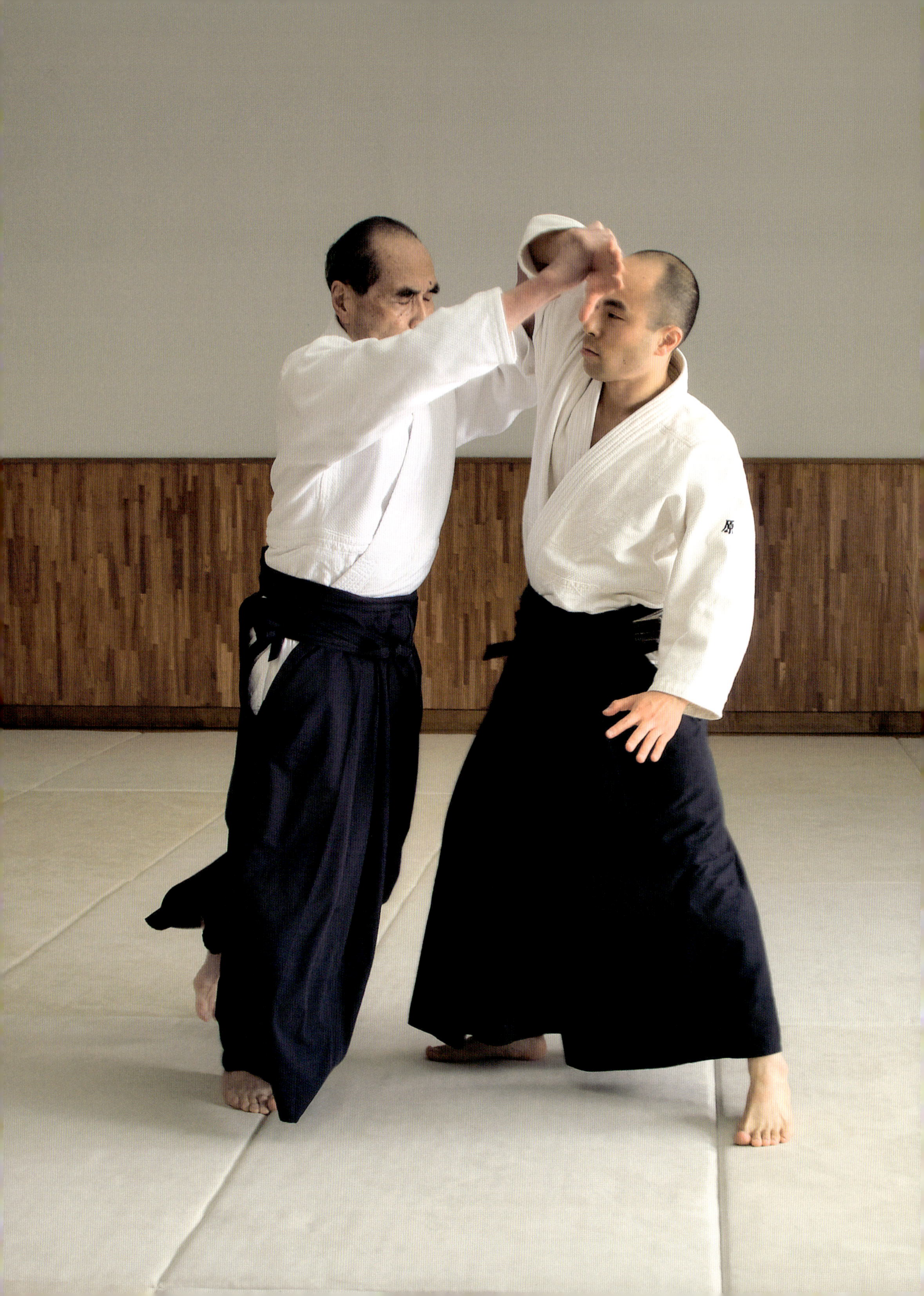

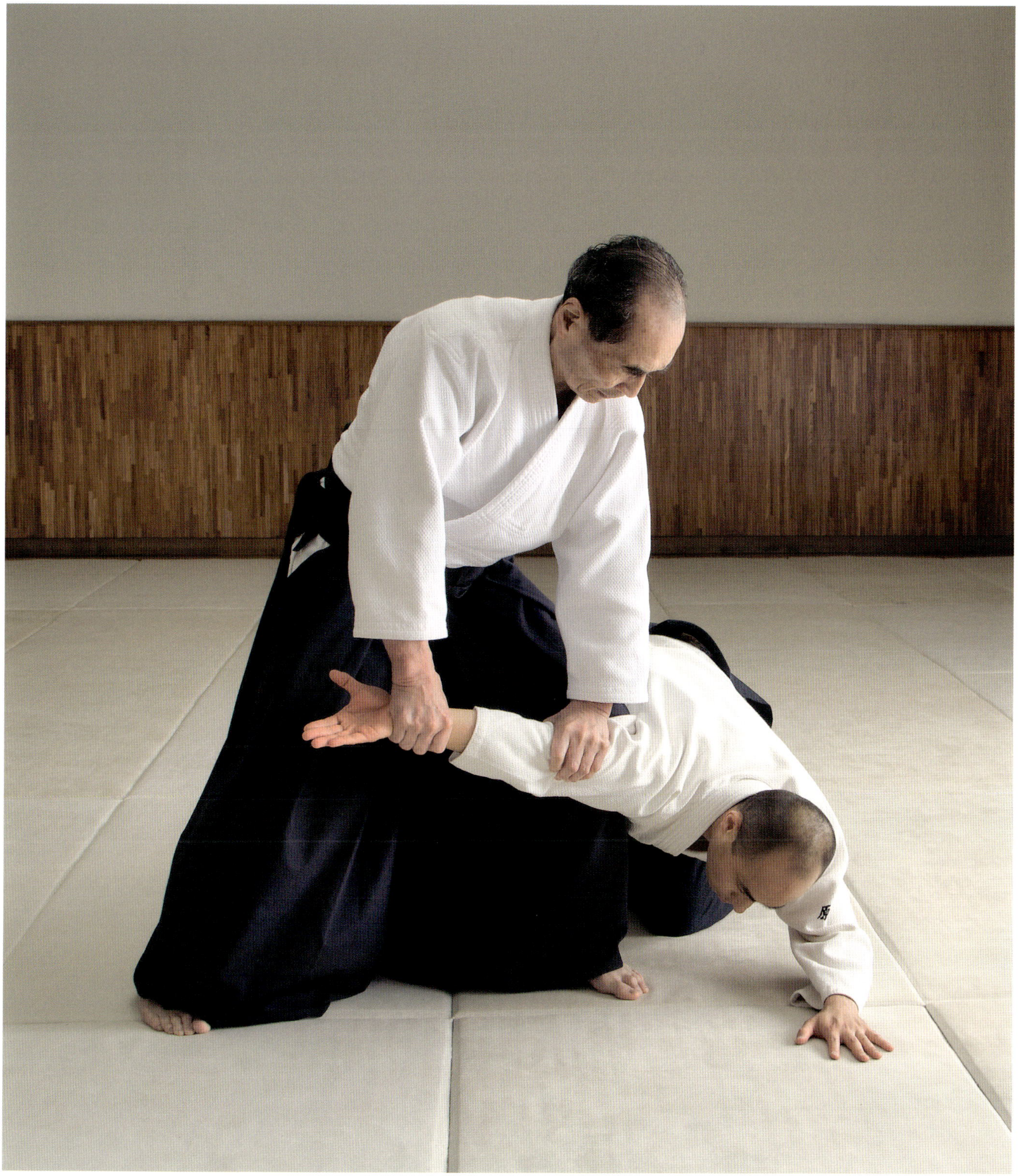

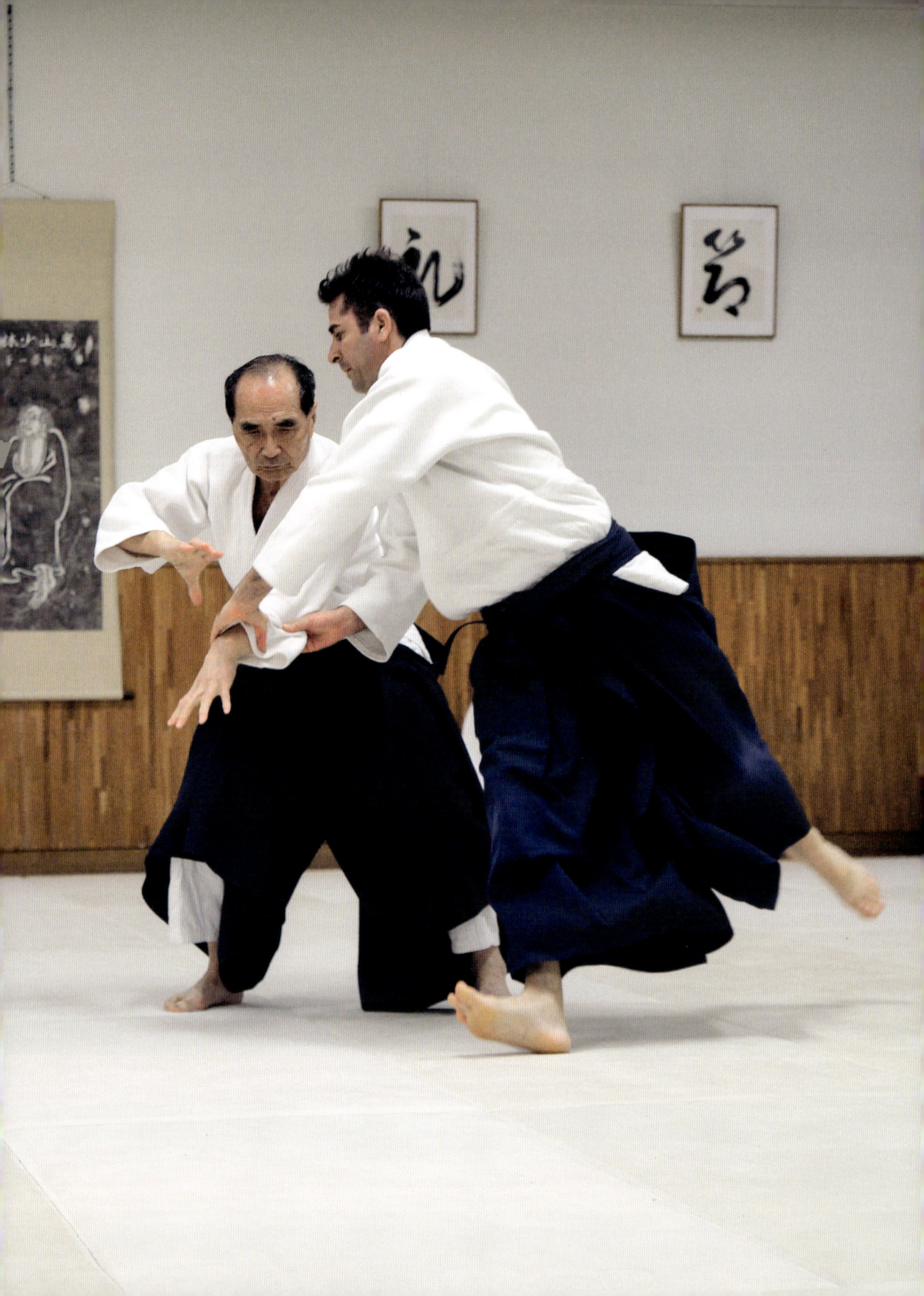

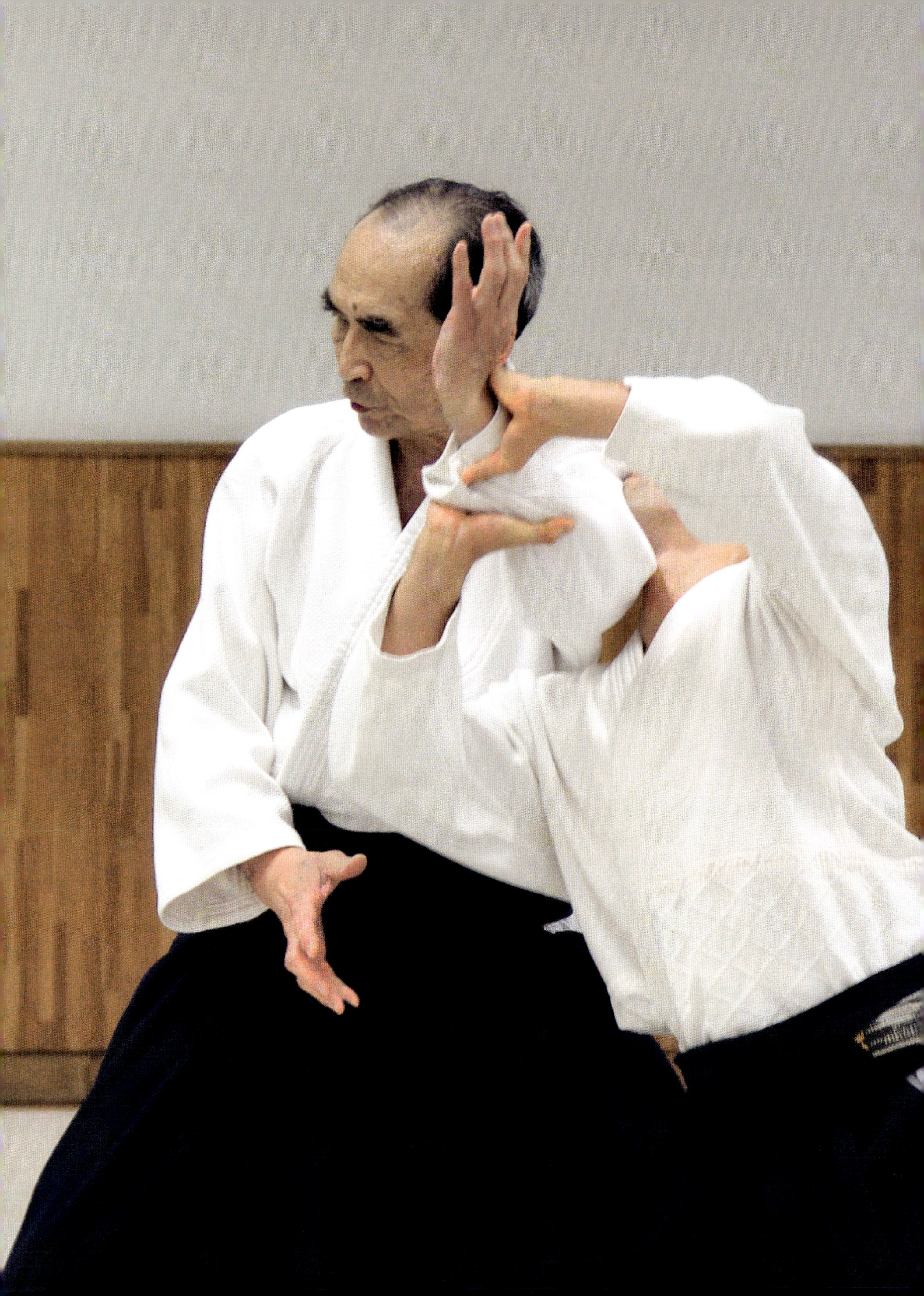

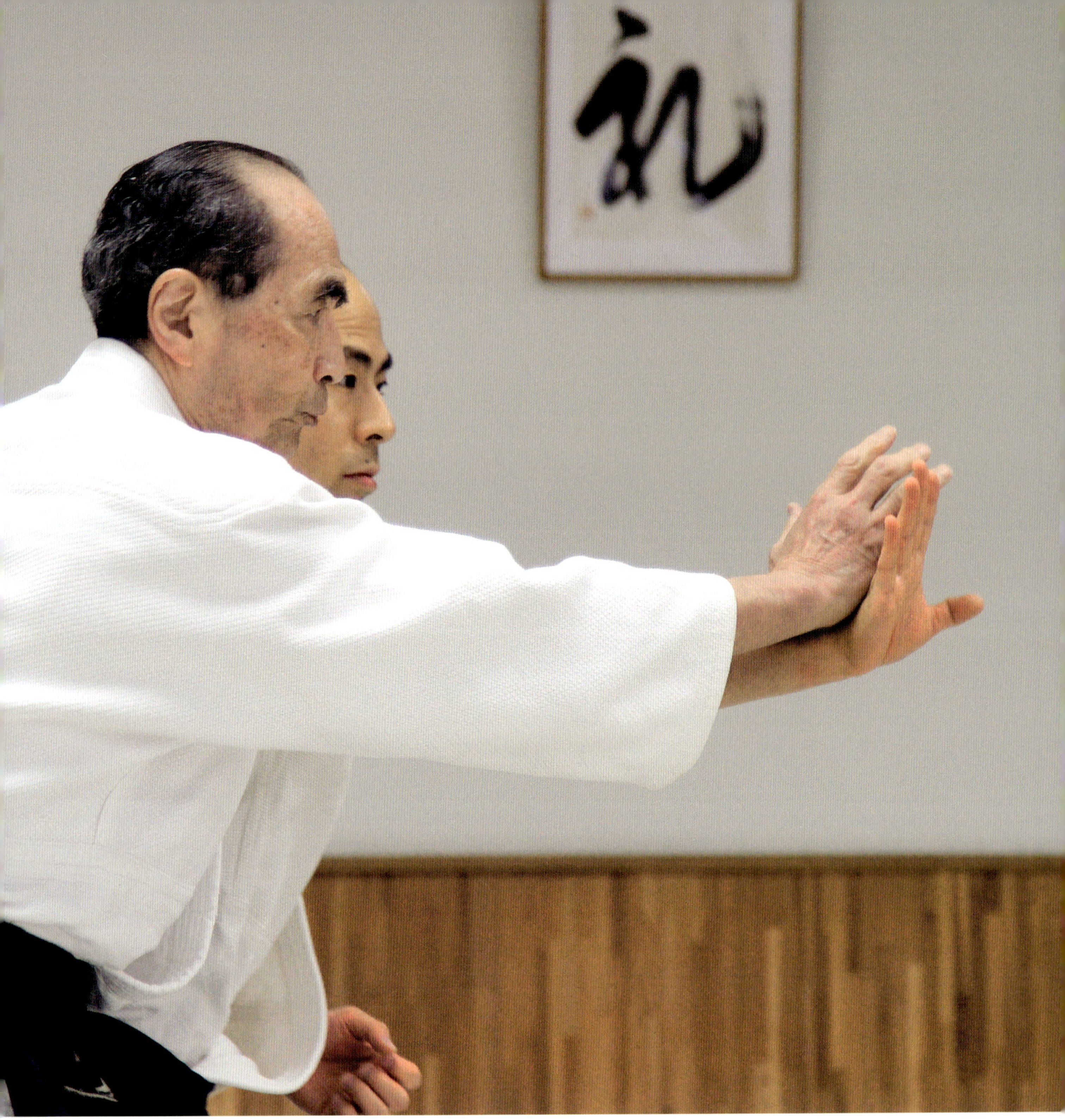

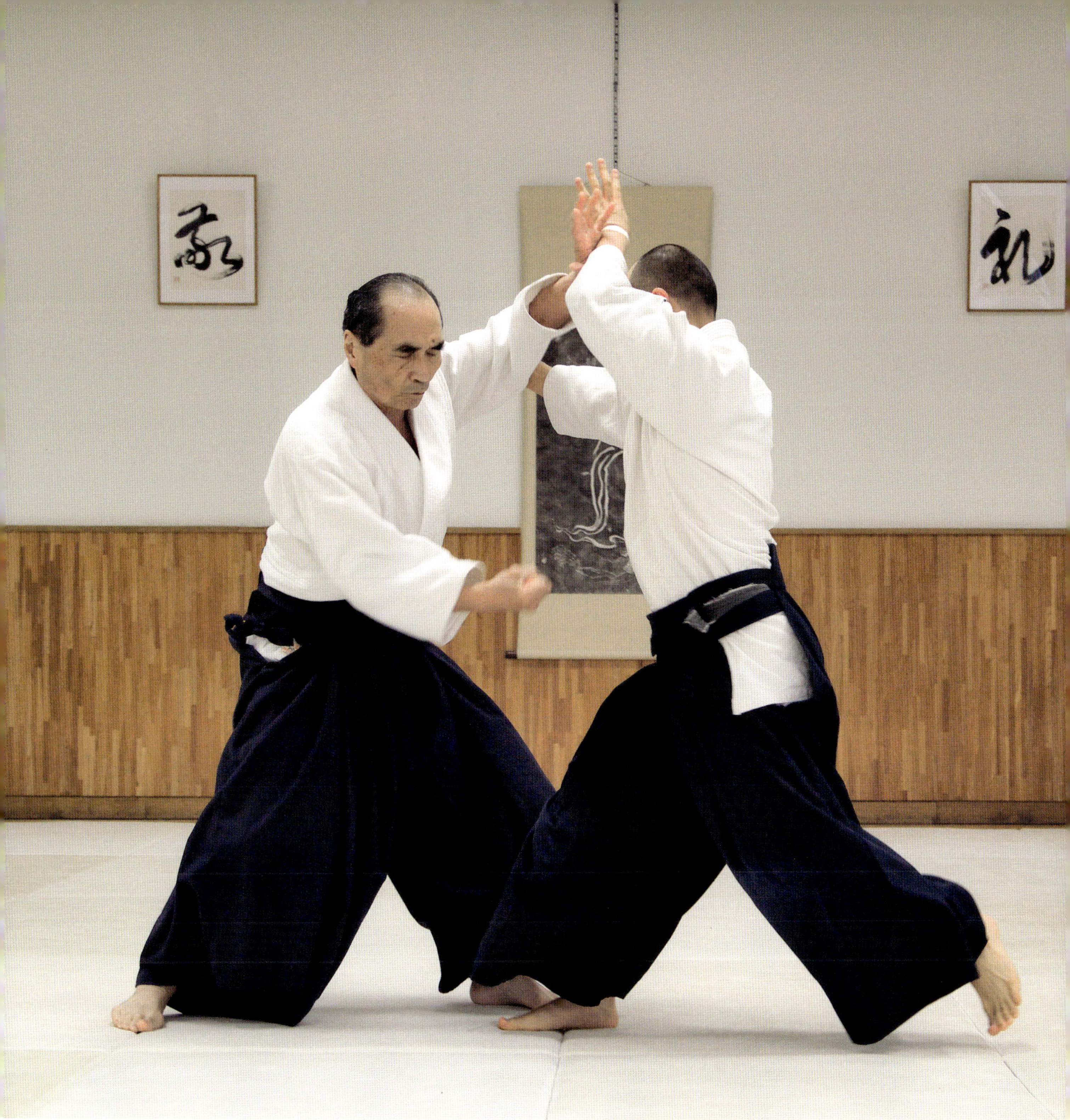

気の流れ

合気道は鍛錬の稽古が二割、
気の流れの稽古が八割。
鍛錬の稽古がそれより多くなると
感覚が鈍くなる。

動けば技が生まれる

植芝盛平先生は、「動けば技が生まれる。」とおっしゃっていた。
そうなるためには
自在に足が動くように
足捌きの稽古を充分に行っておく必要がある。

乗る

同化的にやる。
スーッと乗るようにやる。
伸びを出す。
同化的にやっていくと自然と伸びがでる。
伸びがでるということは緻密になるということだ。
わかりやすく言えば、軽いトランスに入るのだ。
対象にとらわれず統一同化する。
植芝盛平先生は、それを愛と表現する。
同化すると対立がないから自在に動ける。
三昧境に入ってゆく。
乗る。

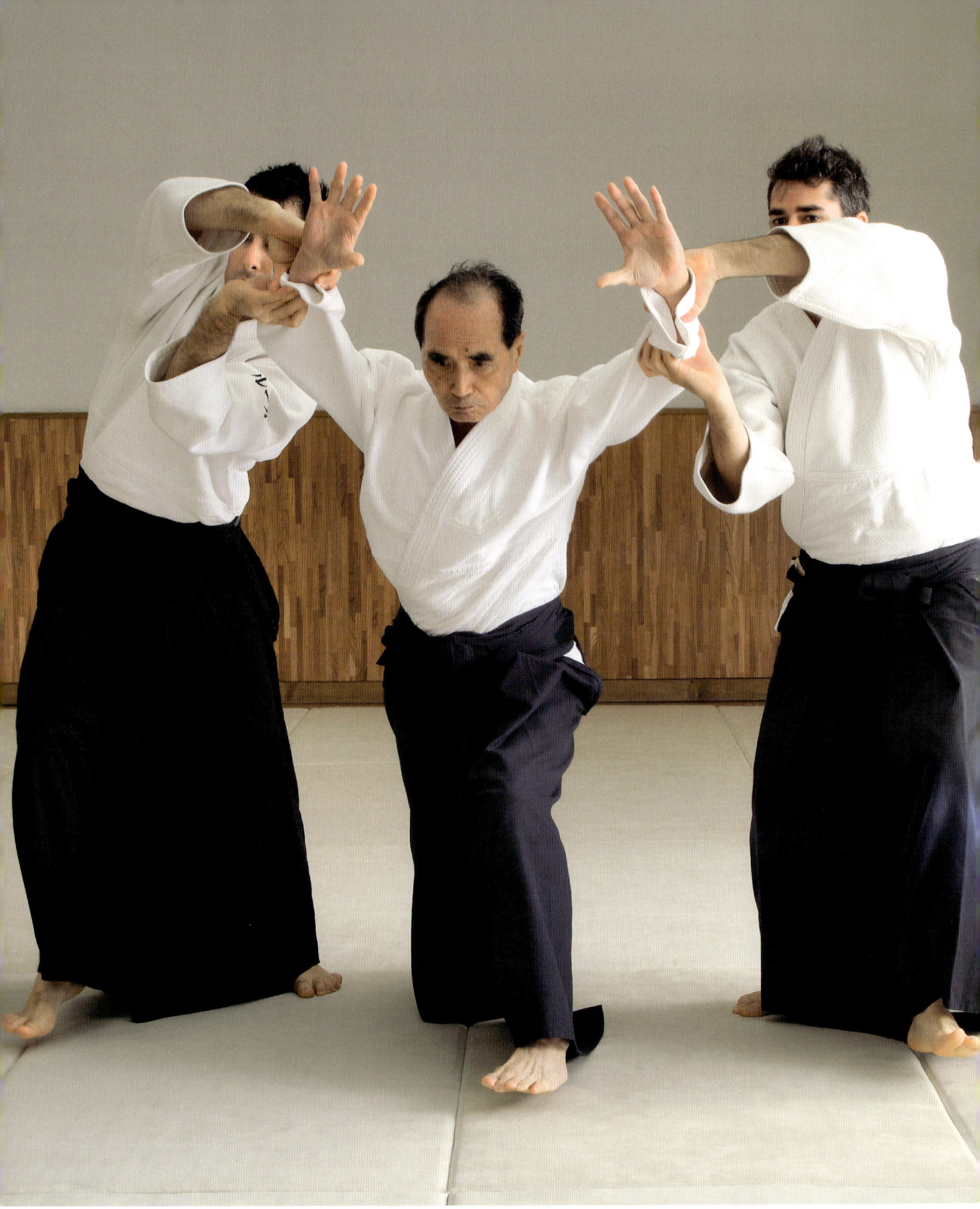

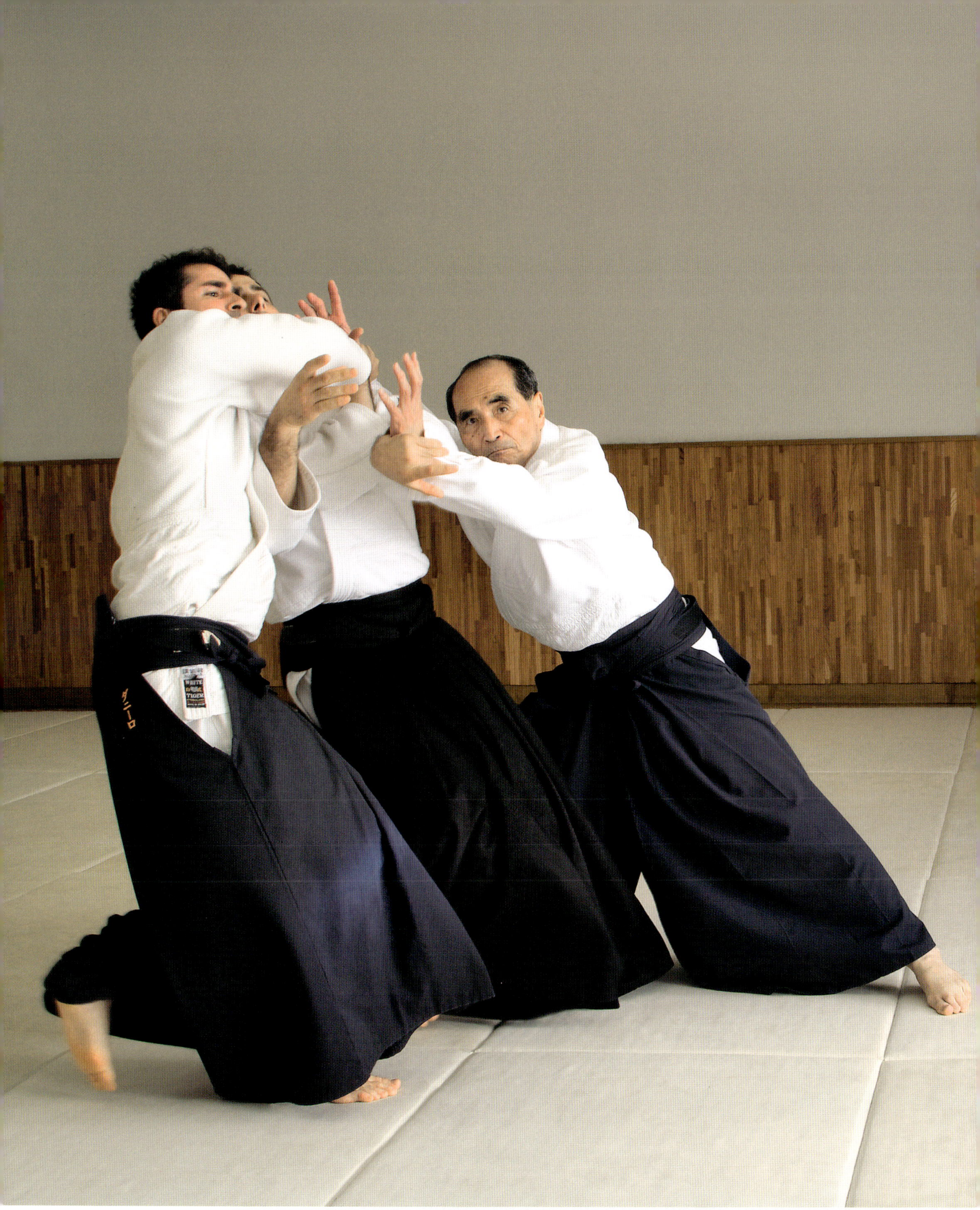
ダニーロ
WHITE
TIGER

68

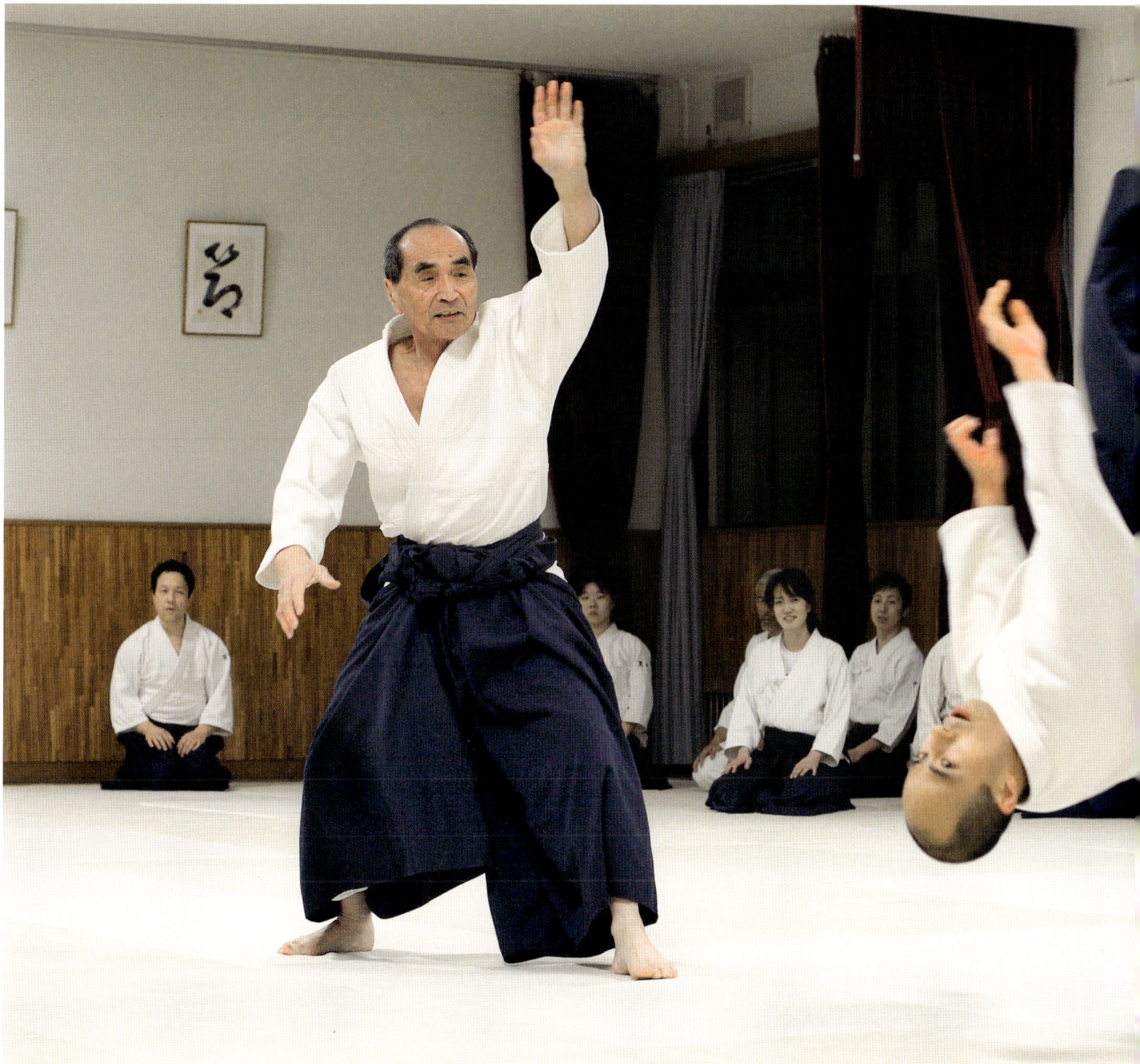

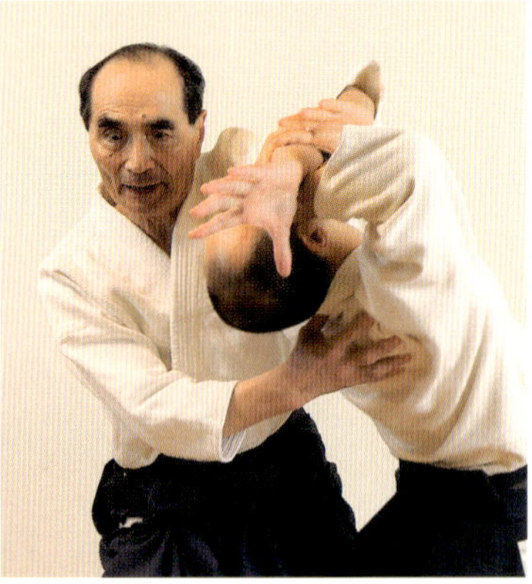
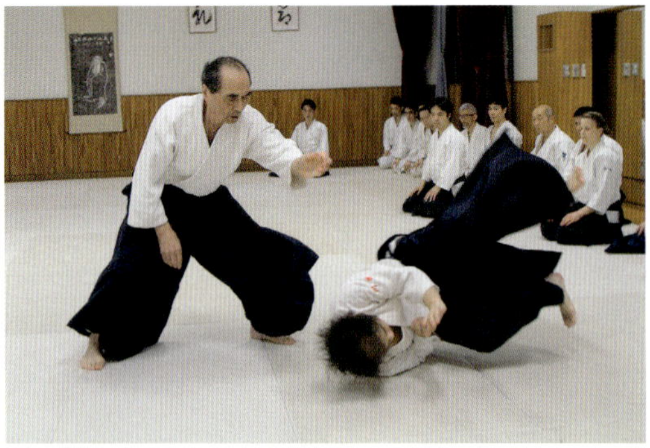
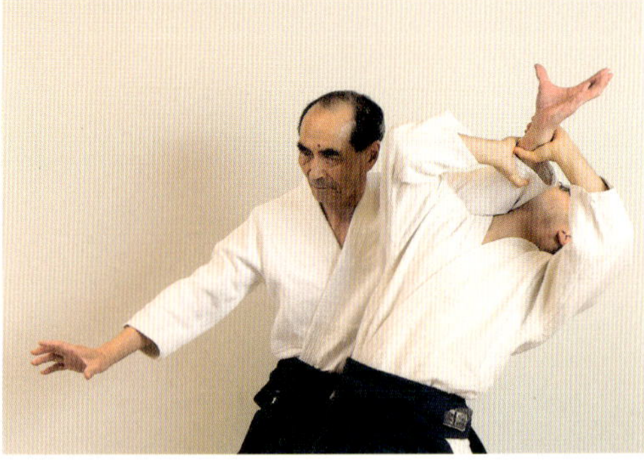
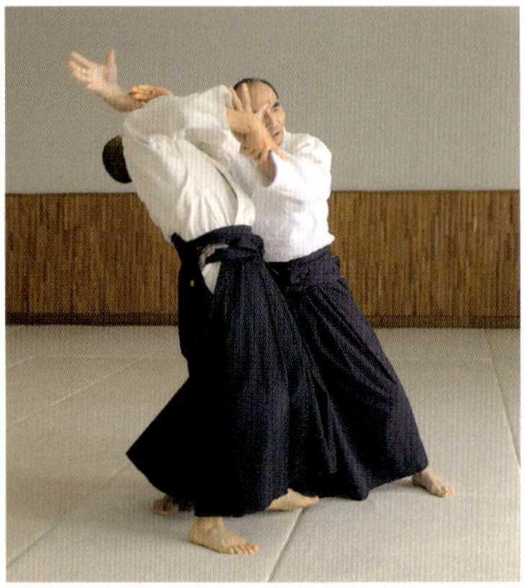
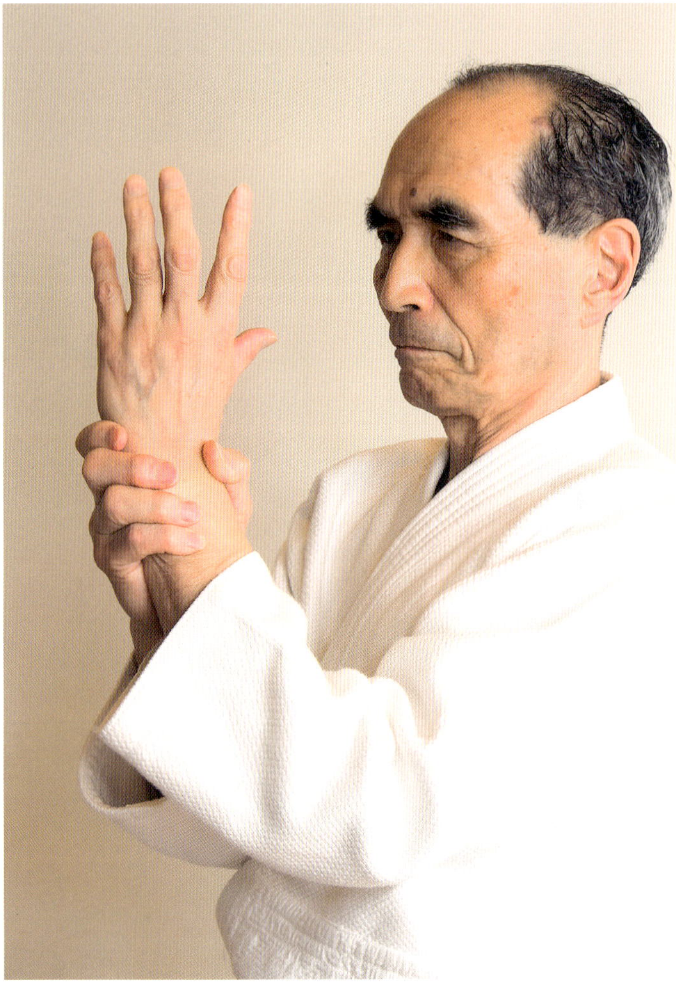
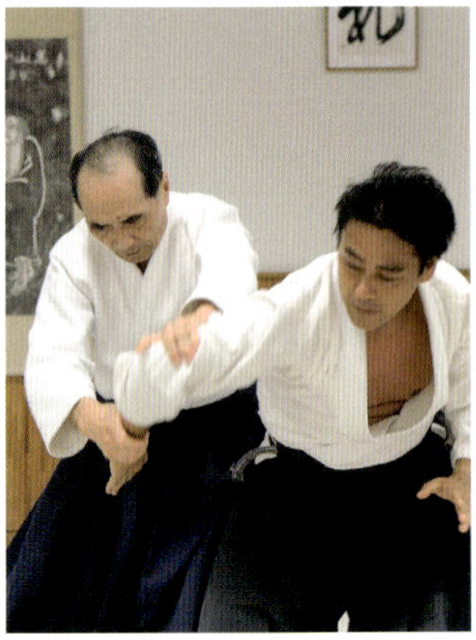
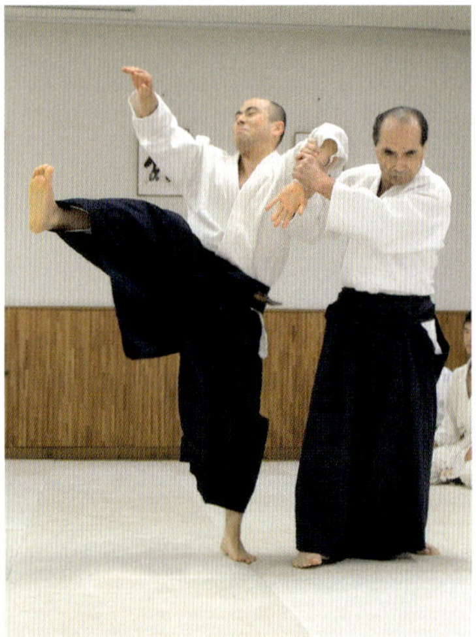
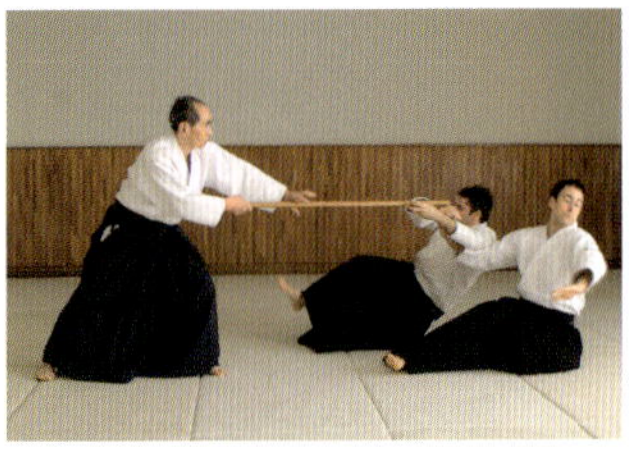
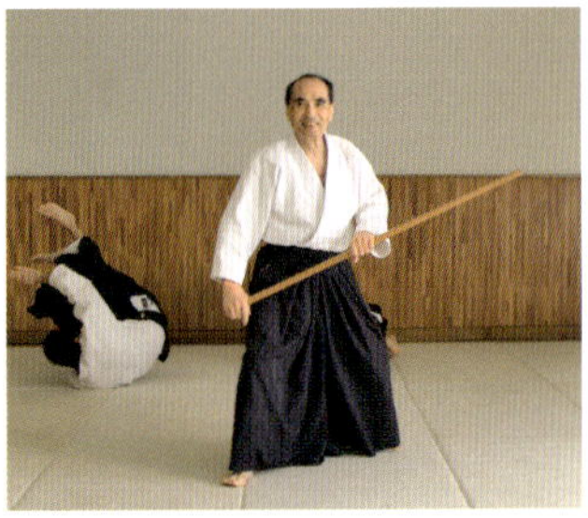
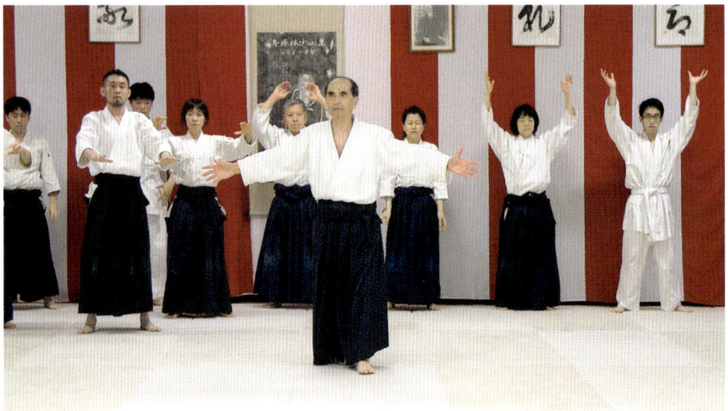
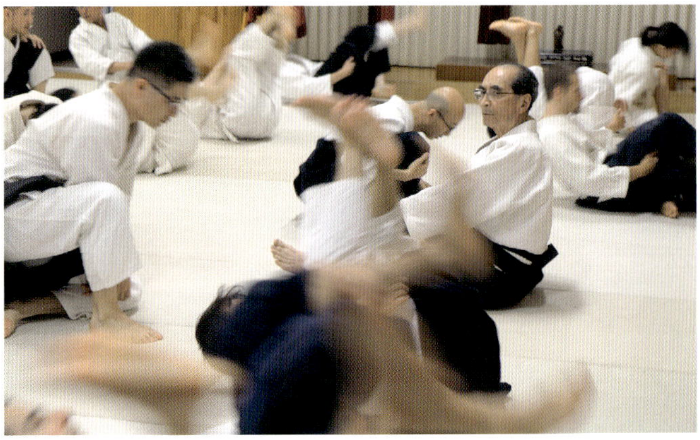

71

三昧境へ

植芝盛平先生の言葉を優しく言えば合気道から生きていく法則を学んで、社会で活用していく。武道というのは、三昧境に入るためのシステムなのだ。科学者も、芸術家も、職人も、三昧境に入った時に実力を発揮できる。心をぱっとプラスのほうに持っていけて、三昧境に入れば一流になれる。

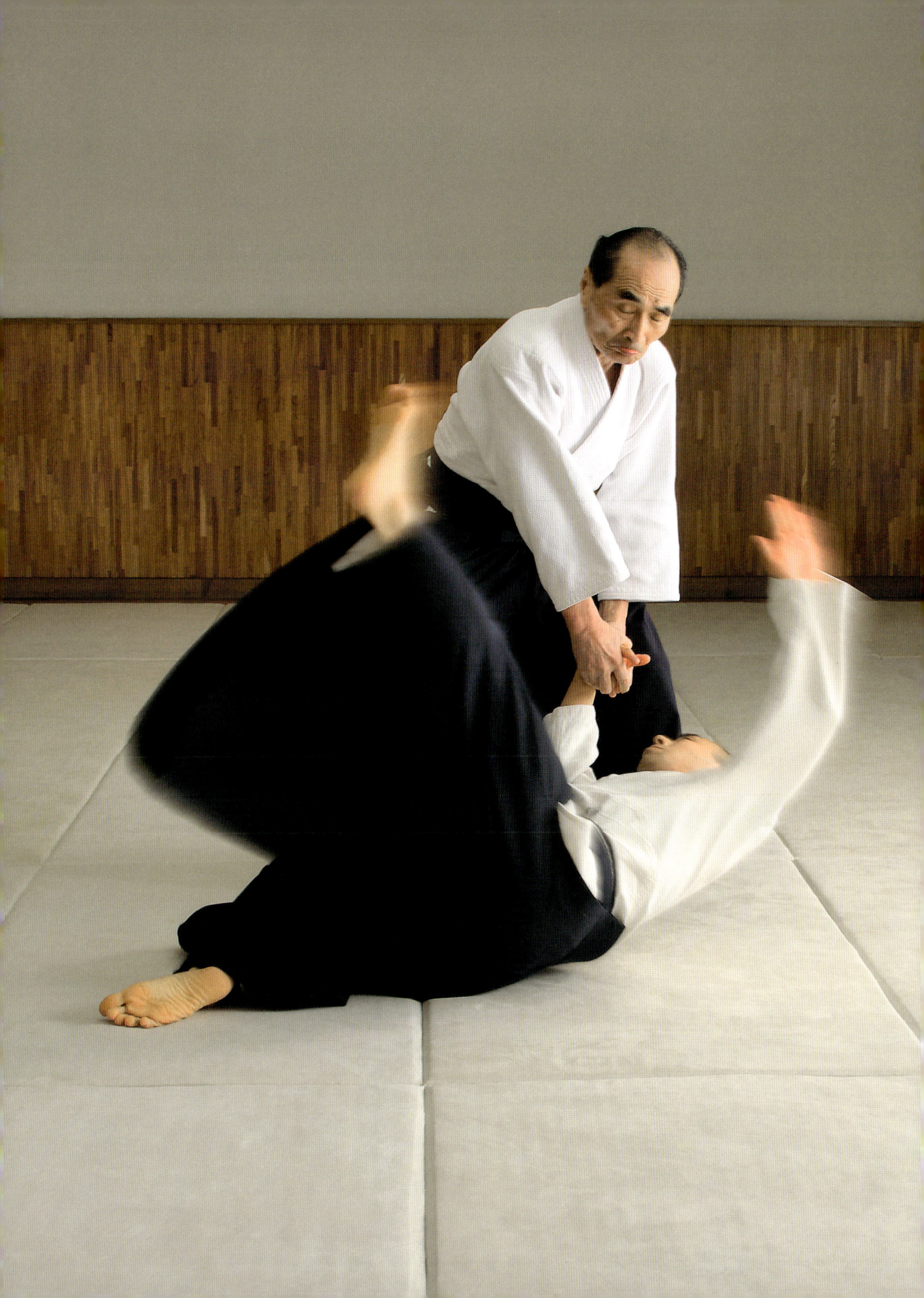

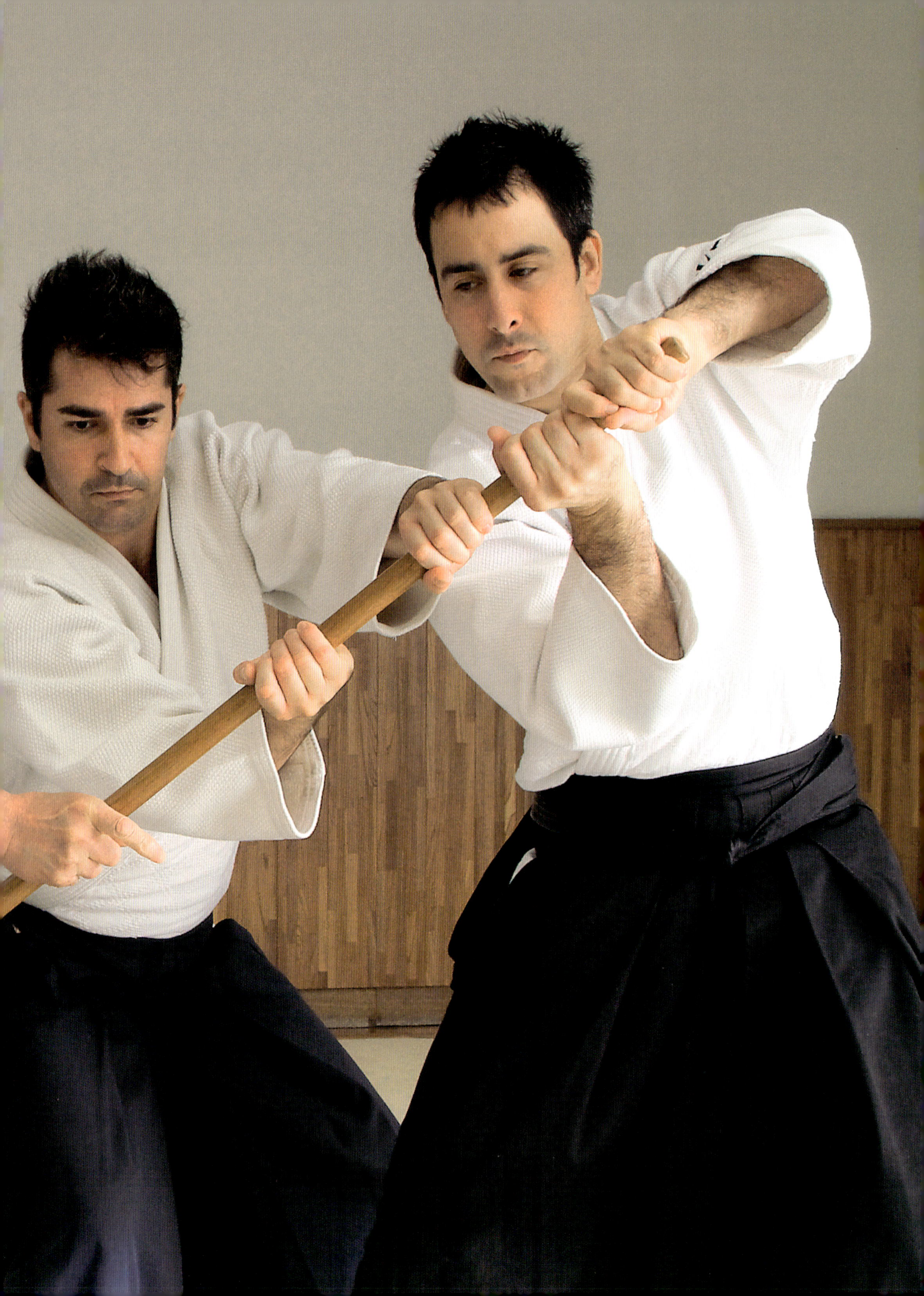

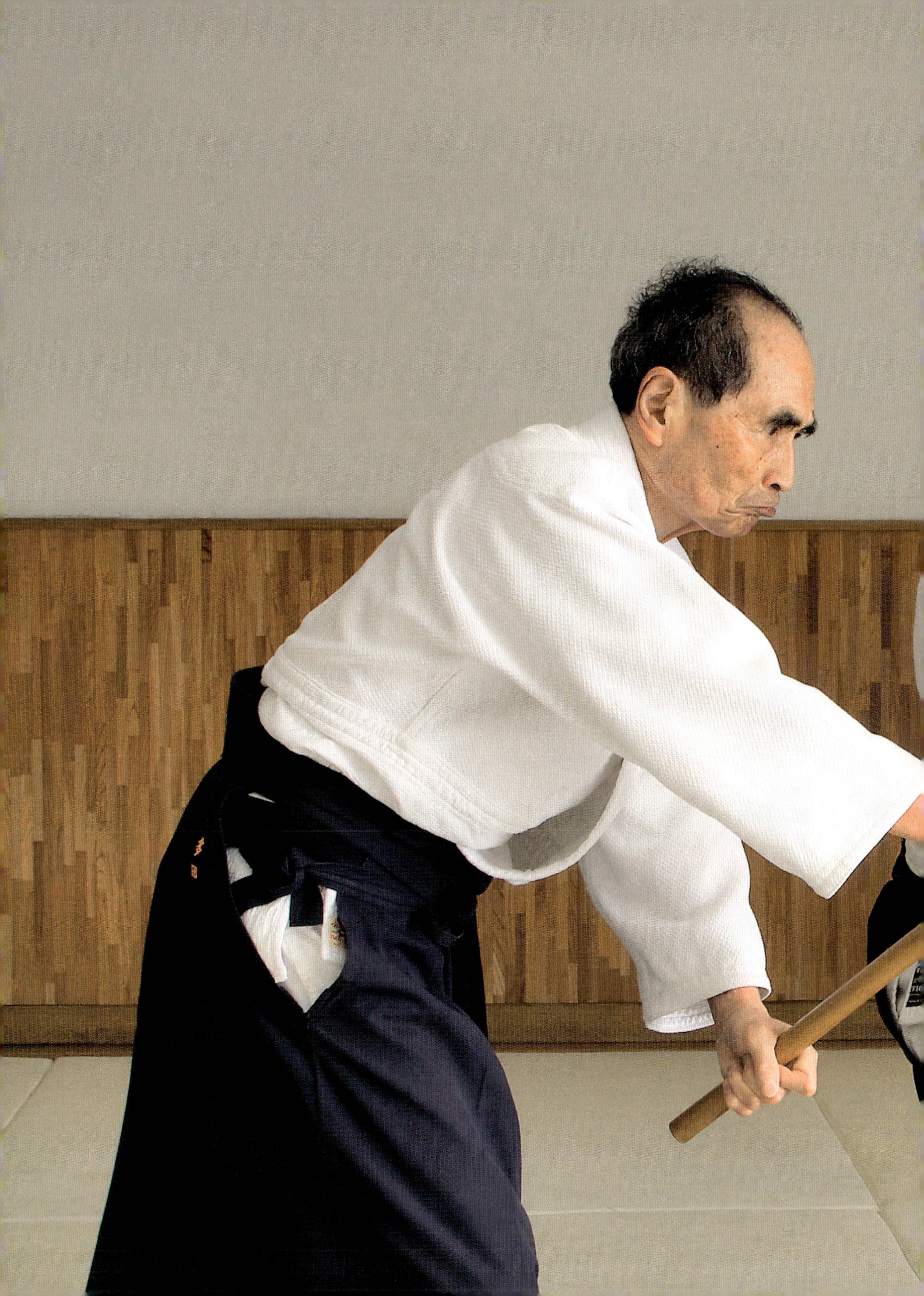

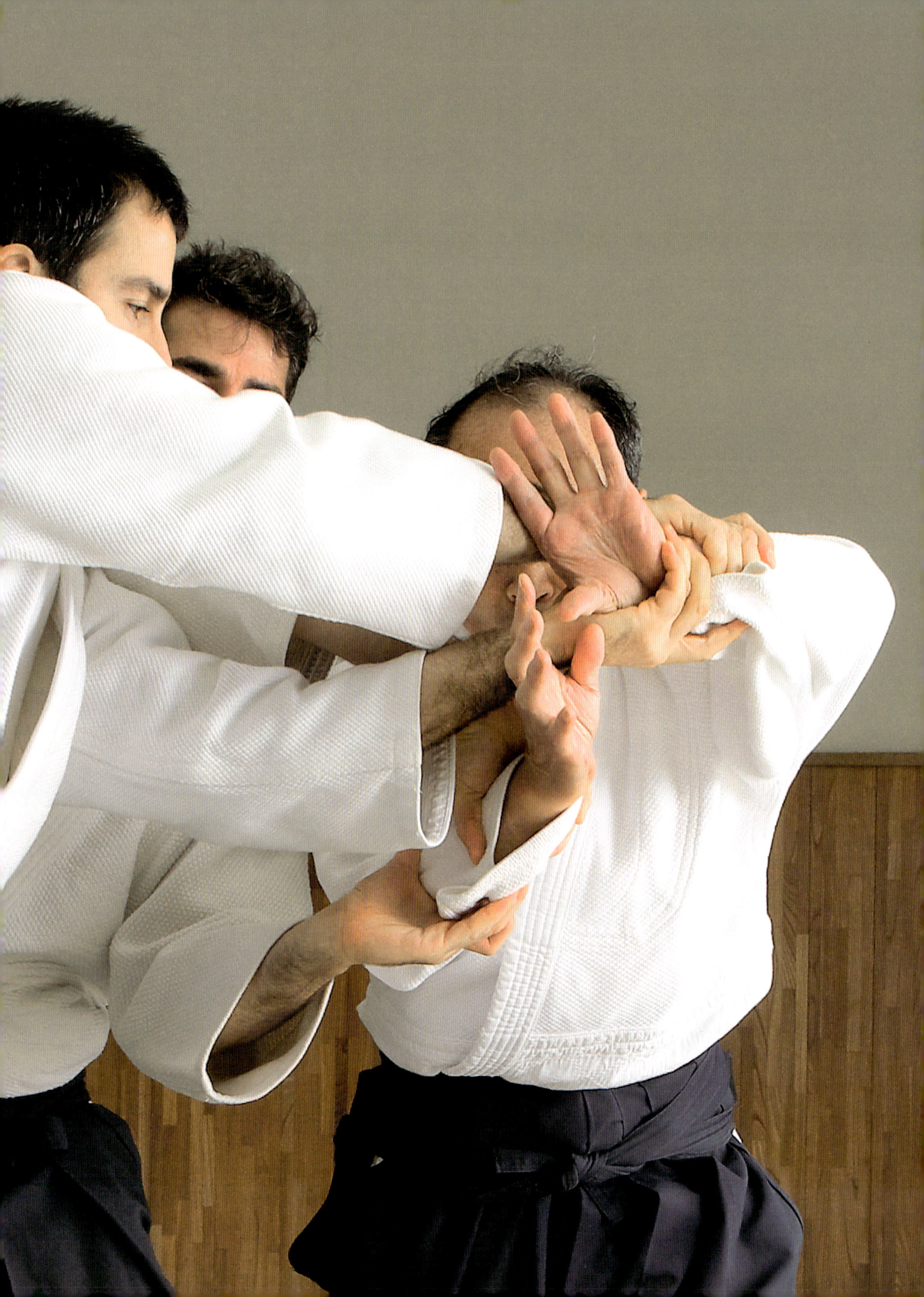

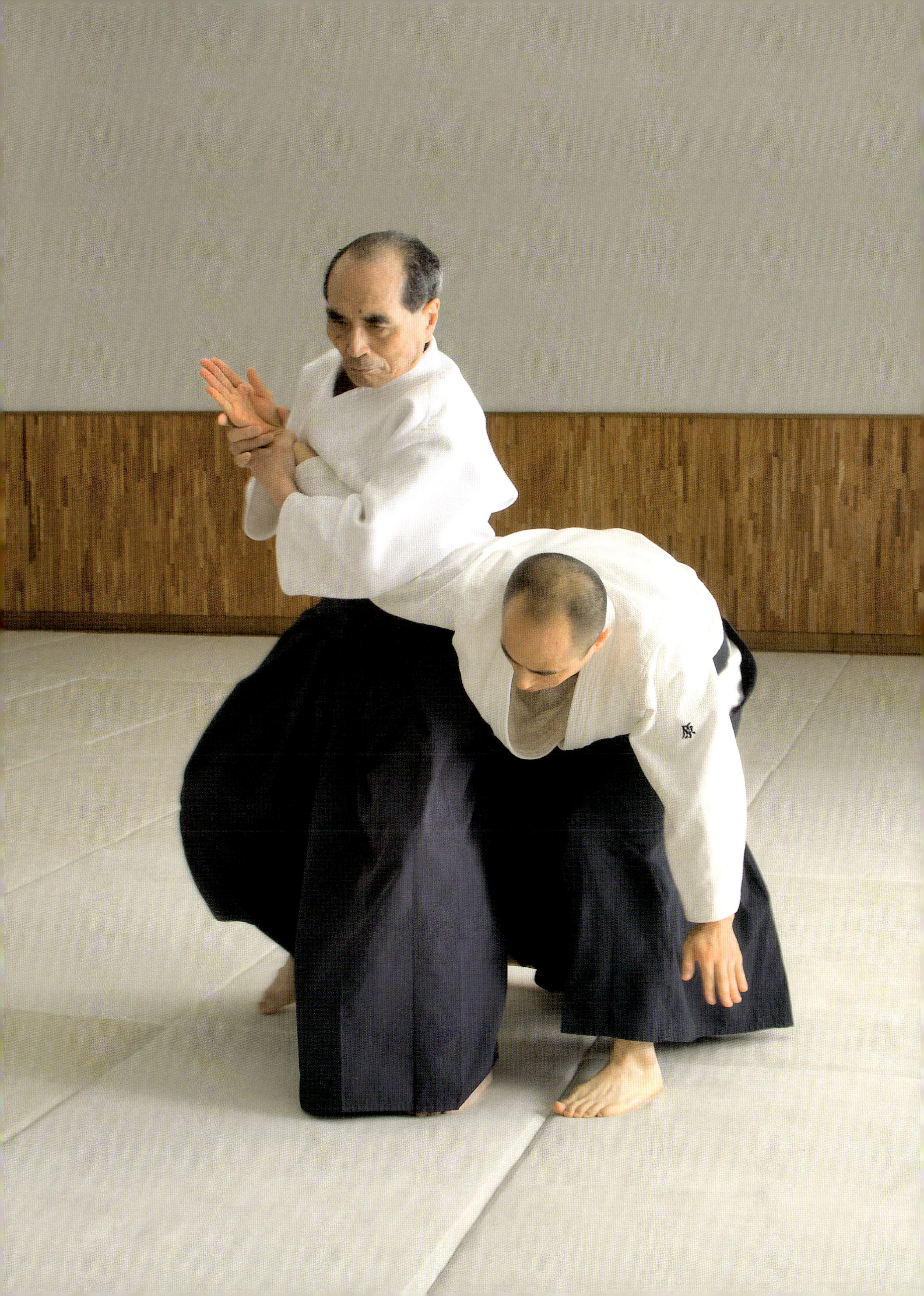

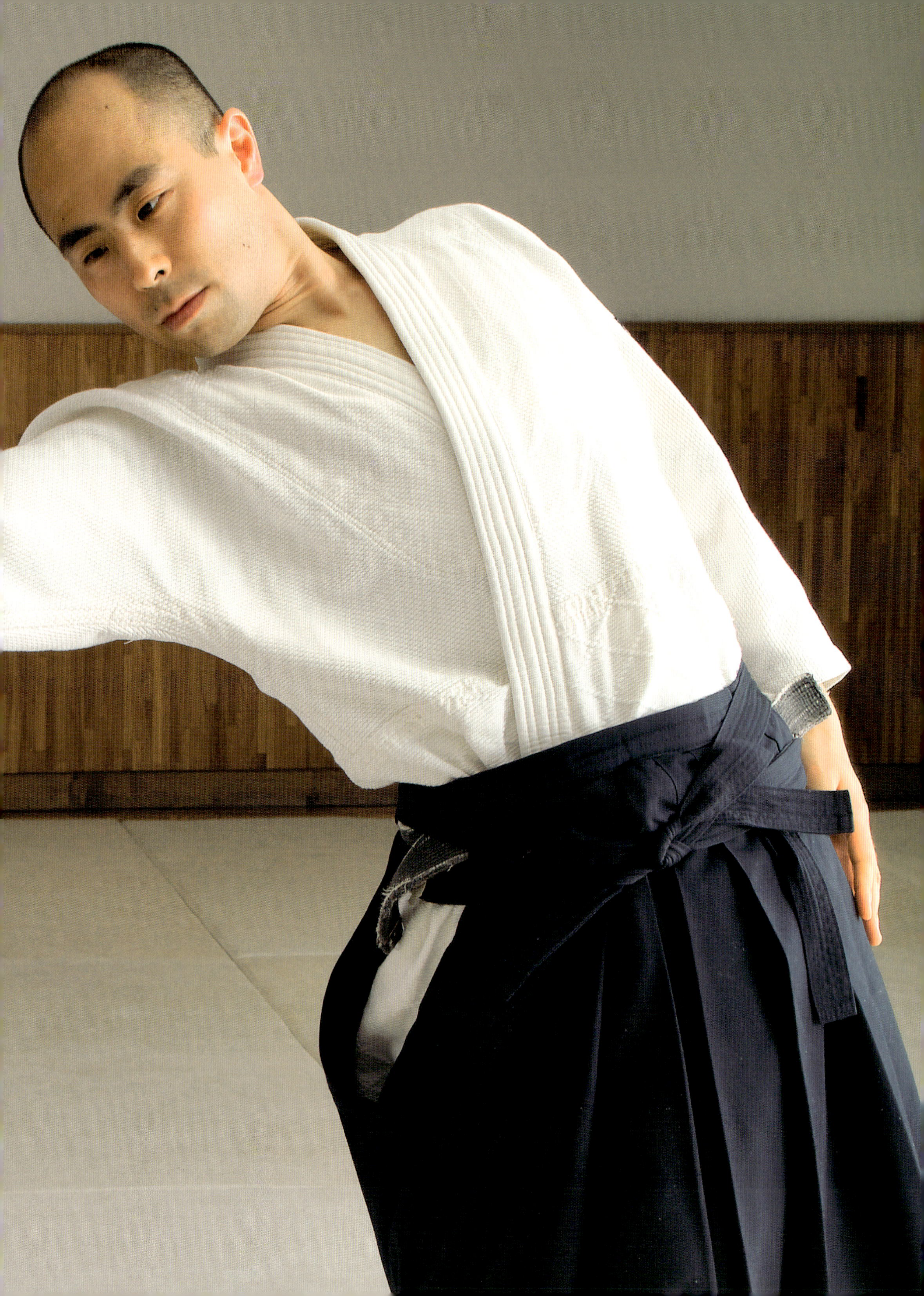

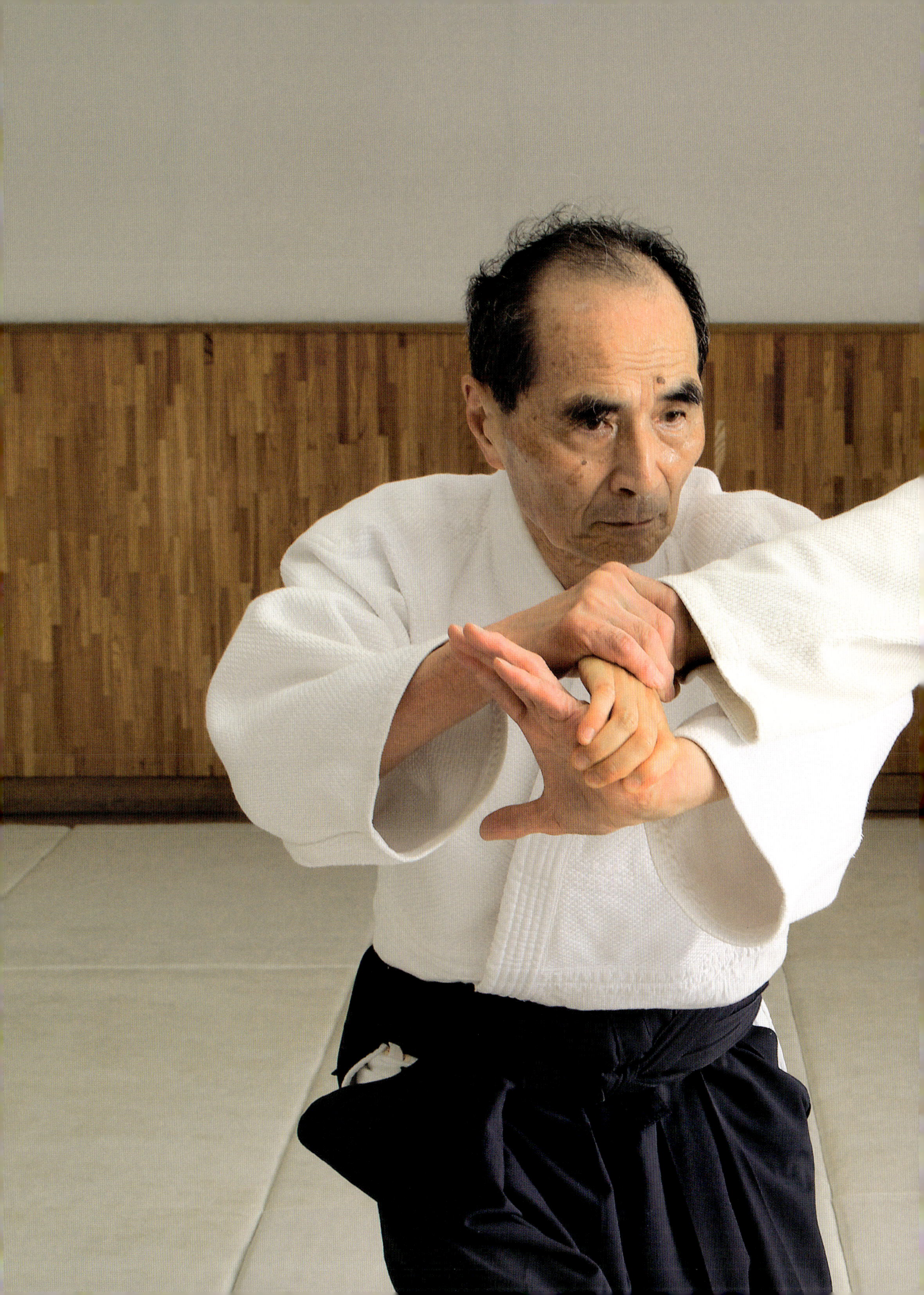

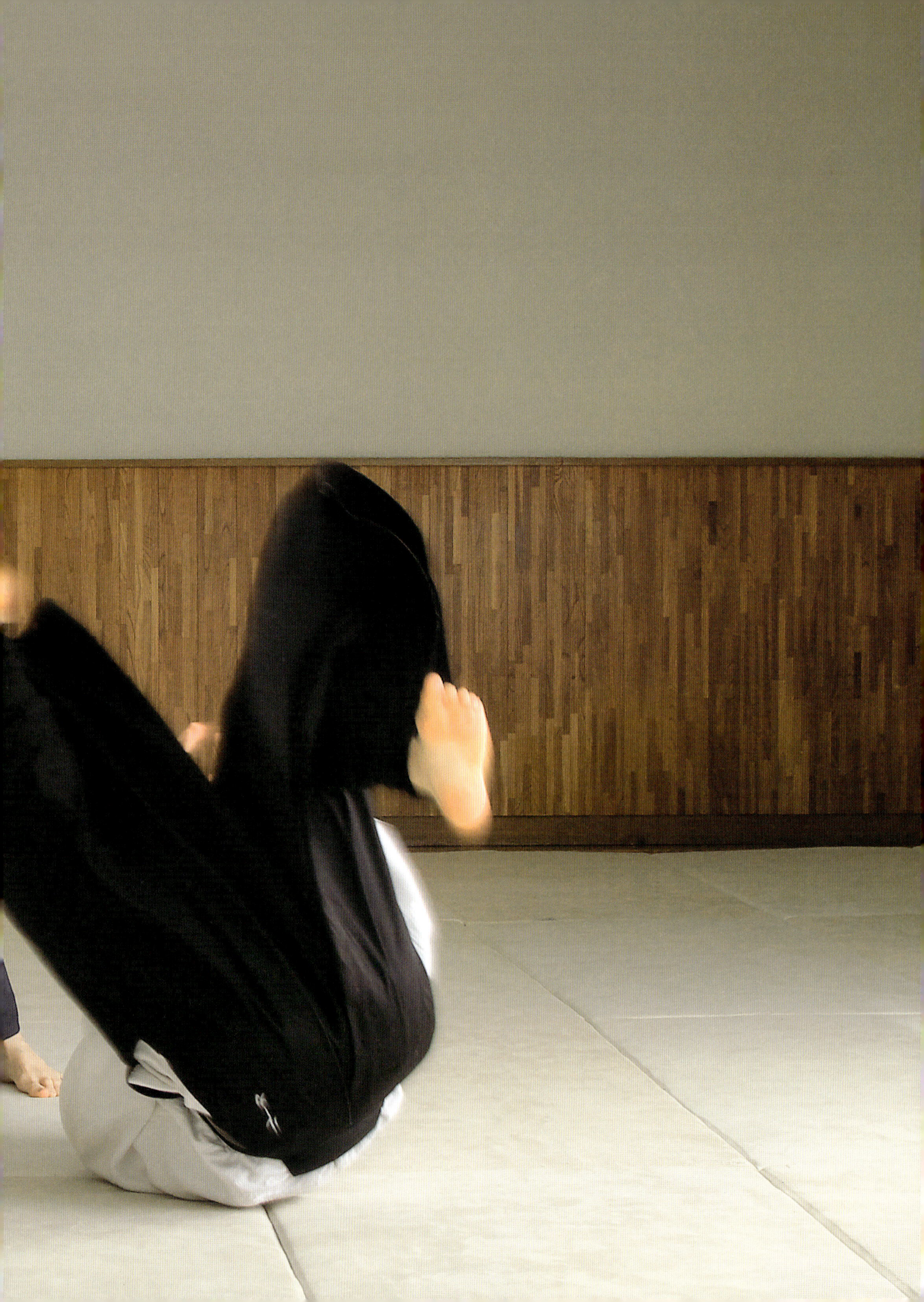

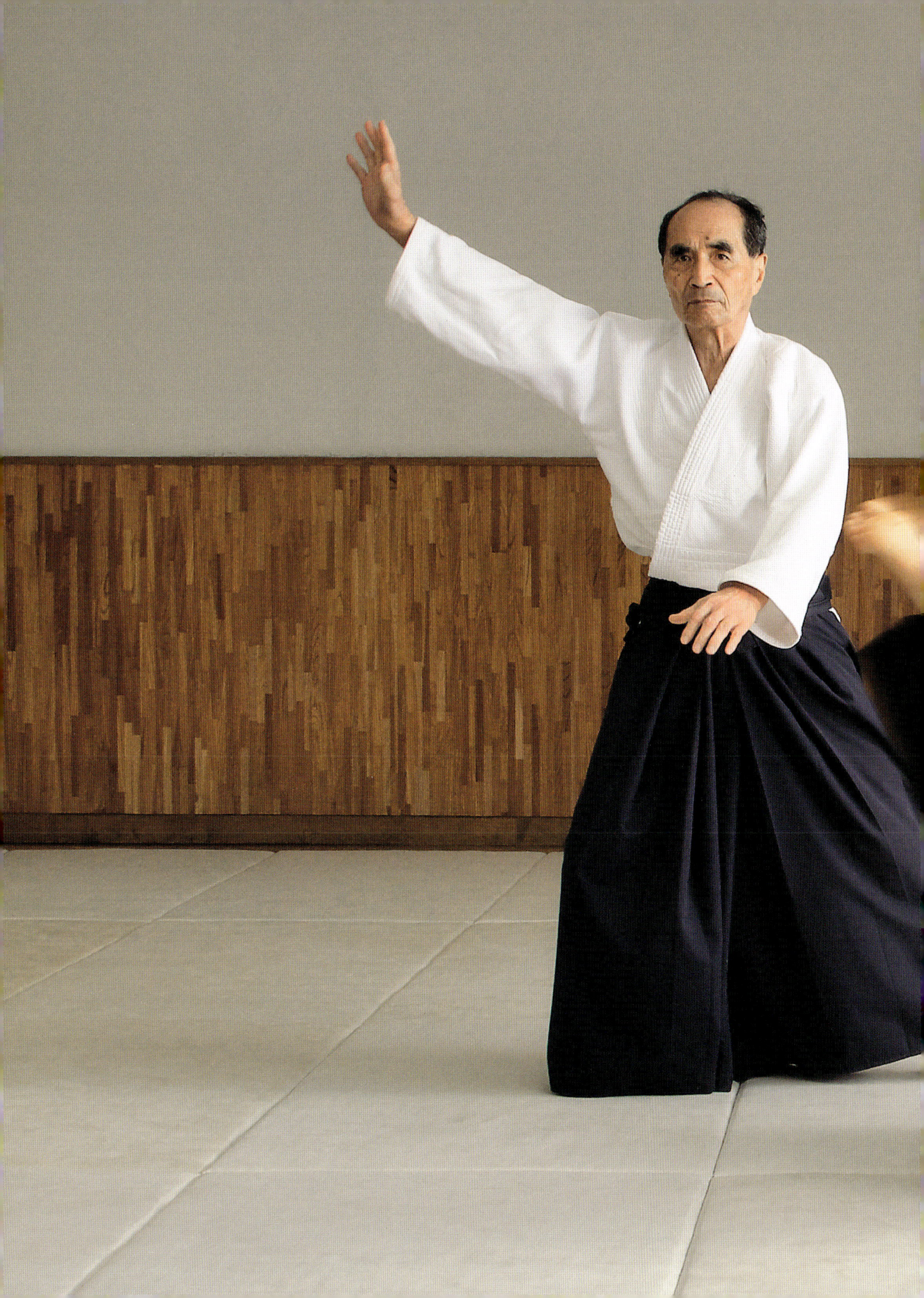

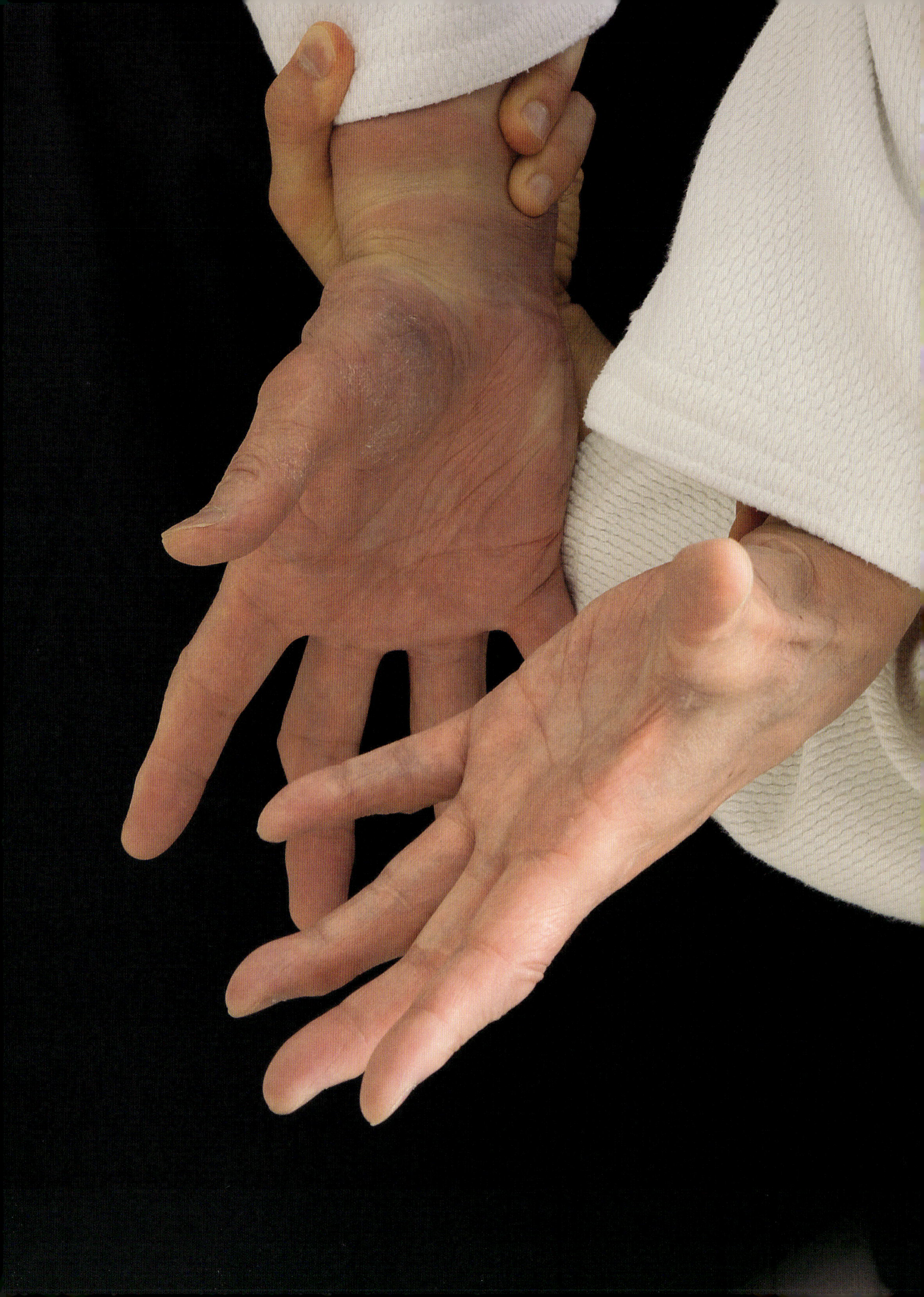

植芝盛平先生はおっしゃった。
武道は技術ではない。
生き方である。

多田 宏 師範 略歴

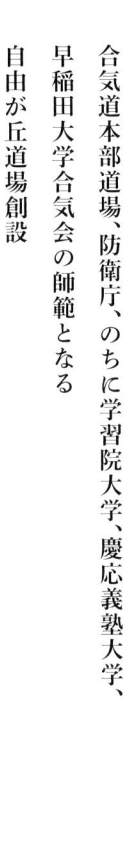

1929年　東京本郷に生まれる

1950年　植芝道場に入門、合気道開祖植芝盛平先生、植芝吉祥丸先生に師事

同年　心身統一法創始者　中村天風先生に師事

1951年　一九会道場　日野正一先生に師事

1952年　早稲田大学法学部卒業　合気道の稽古および研究を専門とする

1957年　合気道六段

合気道本部道場、防衛庁、のちに学習院大学、慶応義塾大学、早稲田大学合気会の師範となる

自由が丘道場創設

1961年　合気道普及のため渡欧、ローマで稽古を始める

1964年　イタリア内務省の要請によりネッツーノの警察学校で三ヶ月の合気道講習会で指導、ヨーロッパ各国で合気会の創設と普及に努める

1965年　七段

1970年　八段

1971年　音楽家　山川久美と結婚

　　　　帰国　長男武丸出生

　　　　以降、毎年日本とヨーロッパを往復し合気道の指導にあたる

1976年　東京都武蔵野市吉祥寺の雲洞山 月窓寺の住職 村尾昭賢師と邂逅

1978年　雲洞山 月窓寺の中に月窓寺道場が発足

　　　　イタリア合気会が"イタリア日本伝統文化の会"として、イタリア政府公認の公益法人となる

1994年　九段

　　　　武道功労賞受賞

1996年　イタリア合気会創立30周年記念演武大会をローマで開催

　　　　妻　多田久美逝去

2000年　多田宏植芝道場入門50周年祝賀会

2004年　イタリア合気会創立40周年祝賀会

2014年　イタリア合気会創立50周年記念祝賀会

現在　　合気会本部道場師範、イタリア財団法人日本伝統文化の会主任教授、国際合気道連盟委員、合気道多田塾を主宰

　　　　早稲田大学合気道会名誉師範・東京大学合気道気錬会師範

多田先生と月窓寺道場

後藤 喜一

動きに伸びがあり、そこにははっきりした線が見える。勇壮さと美しさを兼ね備えた技の数々……。イタリアに渡って稽古と指導を始められてから五十年になるのを記念して刊行された多田先生の写真集『気の錬磨』は、一九五〇年の植芝道場入門以来、先生が探求されてきた合気道の一つの到達点をよくとらえています。

山本カオリさんが撮影した写真の舞台は、すべて東京都武蔵野市の雲洞山月窓寺とその境内にある月窓寺道場です。吉祥寺駅から繁華街の喧騒のなかを歩いて五分。木々の茂り豊かな境内に入ると、一転して静かな、落ち着いた雰囲気に包まれます。

多田先生がこの道場で指導されるようになってから三十八年になりますが、道場は月窓寺二十七世住職の村尾昭賢師との出会いから生まれました。先生は一九七一年にイタリアから帰国されたあと、吉祥寺の奥様の実家の屋敷内で暮らしていました。音楽家である奥様の練習室に台所を作ろうと作業をなさっているときに、窓を開けて「精が出ますなあ」と声をかけた方がいらっしゃいました。当時、隣家に住んでおられた和尚さまで、これが初対面でした。

和尚さまは合気道に関心を持っておられて、道場として使える所を先生と一緒に探されたのですが、適当な場所がありませんでした。その後、先代のご住職がお亡くなりになり、お寺で本葬と和尚さまの晋山式（住職就任式）が行われました。その折、本堂の裏にプレハブの建物が作られました。式が終わったあと、和尚さまから「ここを道場に使ってみてはいかがですか」とお話があり、一九七六年に道場が開設されたのです。七九年には茶室や客殿を備えた吉祥閣が完成し、その中に教化道場が設けられました。これが現在の月窓寺道場です。

月窓寺は曹洞宗のお寺で、合気道道場は教化活動の一つとして運営されています。道場長の和尚さまは、初日から奥様とともに稽古に参加され、常々「合気道は動く禅である」とおっしゃっています。

お寺で開かれる坐禅会をはじめ、多くの道場生が出席します。和尚さまは「マンネリで坐るのではなく、ひと呼吸ひと呼吸が新しくなくてはいけない」と指導されていますが、それは呼吸法を基本にした多田先生の日々の稽古でも実践されていることです。また、「心身一如」という和尚さまのお教えは、相手と対立することなく、心と身体を同化的に使うよう指導されている先生の合気道とつながっています。

このように、和尚さまと多田先生のご指導のもと、多数の老若男女が稽古に励んでいる月窓寺道場は、とても明るく開放的な町道場です。イタリア合気会から、稽古に訪れる方も多くなっています。和尚さまと多田先生の出会いがなければ、現在の月窓寺道場は存在していません。写真集の出版を喜ぶとともに、仏縁の有り難さを思い、あらためてこの道場で稽古できることの幸せをかみしめています。

談笑される村尾昭賢道場長（左）と多田宏先生 1996年

あとがき

写真家　山本 カオリ

多田宏師範が設立されたイタリア合気会は今年50周年を迎えます。この喜ばしい年を記念し、合気道月窓寺道場門下生親睦会 月合会より、写真集『気の錬磨』を発行する運びとなりました。写真家として一門下生として、企画制作に携わらせて頂けましたことをありがたく思っております。制作にあたってどのような本を作ろうかと考えた時、すぐに浮かんだのは、月窓寺を舞台にした読む連想行となる本でした。

先生はよくお稽古の時に、透明な気持ちで上質な連想をすることの大切さを説明されます。そして芸術とは、まさに上質な連想の成果です。写真も同じです。自分の心の中に表現したい絵がなければ、現実の世界で良い被写体をつかみとり撮影することはできません。

多田先生の教えを中心にすえ、月窓寺の美しい風景と芸術としての武道を組み合わせ、自然と人間が一体となった世界を表現する。本を開く方がいつでも月窓寺の清浄な空気と力強い多田先生の教えと同化できる。そんなイメージを思い浮かべながら撮影と編集に携わりました。

今年は例年になく月窓寺境内で大賀蓮の花が良く咲き、私達の中にある仏様の心、宇宙の子を蓮の花で象徴的に表現できました。お花の写真が撮れたとき、月窓寺の仏様が私達をお導き下さっているような思いがいたしました。

先生の演武写真は数千枚にも及び、当初どのカットを載せるか迷ったのですが、編集段階でひとつの選択基準を設けました。ヨーロッパでご指導なさっている多田先生はどこか西洋的な雰囲気をお持ちで、私は先生の演武をみるたびにダヴィンチやミケランジェロ、ロダンの芸術を連想していました。合気道の動きは神話的で西洋の芸術に通じるものがあるのでしょう。そこでルネサンスを中心に西洋古典美術の身体表現を参考に写真を選ぶことにしました。東洋も西洋も越え人間の美意識が融合する、このような合気道らしい表現ができるのは多田先生ならでは、と思います。

文章に関しては、月窓寺道場と多田塾奥州道場（代表 菅原美喜子先生）特別講習会の稽古録音をもとにまとめ、坪井威樹師範代、後藤喜一先生に確認を頂き、多田先生の承認を得て掲載しております。多田先生のお稽古中のお話は愉しく力に満ち、門下生でない方にもためになる内容です。先生は植芝盛平先生の思想をはじめ、中村天風先生の教え、武道の古典、仏教、ヨガなど、様々な分野での研究を積み重ねておられます。そうした専門的で難しい内容を、稽古を通して親切にわかりやすく、時にはユーモラスに説明しておられます。この本の先生の教えを読まれますと、植芝盛平先生のお言葉を親しく理解でき、積極的に平和を創造する合気道の心とその方法をわずかながらも感じて頂けると思います。

多田先生の教えが、合気の道を行く皆様にとって、またよりよき人生を求める方々にとって、それぞれの道の糧となることを信じております。

最後に、ご協力を頂きました多田先生、坪井先生はじめとする月窓寺道場の皆様方、制作過程でご助力を下さった方々、そして常に支えてくれる私の両親と兄弟に深く感謝を申し上げます。

山本 カオリ　写真家・スタイリスト。福岡県出身。武蔵野美術短期大学油絵科卒業後、日本写真芸術専門学校で写真を学ぶ。美術的な知識と写真技術を活かし、撮影およびスタイリングコーディネイトで広告・雑誌媒体で活動。パルコアーバナート審査員賞受賞。写真展「天つち」「平和の温度」。http://www.yamamotokaoriart.com

花時も月彩ゆ秋も御寺内
禅の気ありて合気はぐくむ

多田 久美

*Con le gemme di primavera e alla luce delle lune d'autunno, nelle mura del tempio
immerso nello spirito zen, prende vita e forma l'aikido.*   *Tada Kumi*

**Sometimes with spring flowers, sometimes with the autumn moonlight, in the precinct of the temple,
the atmosphere of Zen Buddhism helps Aiki thrive.**   **Tada Kumi**

あとがき 山本 カオリ
Postfazione Yamamoto Kaori

Sono trascorsi 50 anni da quando il Maestro Tada Hiroshi ha fondato l'Aikikai d'Italia. In occasione di questo gioioso anniversario, l'associazione di amicizia degli studenti del Gessoji Dojo, "Tsukiai-kai", ha deciso di pubblicare una collezione di fotografie dal titolo "KINOREMMA" (Esercizi dello Spirito).

In qualità di fotografa e praticante di aikido, il fatto di essere stata scelta per realizzare questo progetto é per me un grande onore.

Quando ho iniziato a pensare a come impostare questa pubblicazione, la prima cosa che mi é venuta in mente é stata quella di realizzare un volume basato sull'apprendimento dell'aikido focalizzato sul modo in cui ci si connette gli uni con gli altri, mettendo il Gessoji Dojo al centro del sistema dell'allenamento.

Nelle sue lezioni il Maestro Tada pone sempre molta enfasi sull'importanza di praticare con animo puro e trasparente e creando un filo invisibile che colleghi le persone e le technice le une alle altre. Il Maestro ci spiega anche che l'espressione artistica é il risultato di connessioni che si stabiliscono tra le persone. Lo stesso vale anche per la fotografia. Quando manca la volontà di rendere in un'immagine ciò che si vuole esprimere internamente é impossibile trovare un oggetto da fotografare nella realtà circostante.

Ciò che mi sono ripromessa di fare con questo volume é di mostrare il mondo del Maestro Tada e dei suoi insegnamenti sotto forma di esercizi dello spirito tramite attimi sublimi fotografati all'interno del tempio Gessoji che trasmettano l'idea di un'arte marziale dove l'uomo si fonde con la natura, facilitando in tal modo ai lettori di entrare in armonia con gli insegnamenti del Maestro Tada. É così che ho inteso il lavoro di fotografa ed editrice di questo volume.

Quest'anno i fiori di loto che crescono all'interno del Gessoji hanno avuto una fioritura più intensa rispetto al solito, dandomi la possibilità di rappresentare, tramite questi fiori, lo spirito del Budda che si trova dentro ognuno di noi in quanto figli dell'universo. L'aver potuto racchiudere questi fiori nelle mie fotografie, é stato come provare una sensazione profonda di venire guidata a ciò dal Budda del Gessoji.

Quando abbiamo messo insieme le foto relative alle esecuzioni di tecniche da parte del Maestro Tada é stato estremamente difficile individuare un metodo per limitare le migliaia di scatti ad una collezione di poche fotografie, come quelle incluse in questo volume. Avendo speso così tanto tempo all'insegnamento dell'aikido in Europa, il Maestro Tada ha sviluppato un modo di muoversi molto occidentale, tant'é che ogni volta che ho assistito alle sue dimostrazioni non ho potuto non associarlo alle creazioni artistiche di personaggi quali Leonardo, Michelangelo, o Rodin. Ma forse é perchè i movimenti in aikido sono così universali che alla fine sviluppano molti temi in comune con le mitologie, i quadri, e le sculture occidentali. Abbiamo pertanto scelto come criterio per la selezione delle fotografie incluse in questa collezione quello della conformità alla rappresentazione fisica dell'arte classica occidentale, principalmente del periodo rinascimentale. A parte il Maestro Tada esistono solo poche altre persone che riescono ad esprimere tramite l'aikido tanta bellezza fisica andando oltre ai concetti di opposizione e di integrazione tra l'ascetismo orientale e quello occidentale.

I testi che accompagnano le foto sono basati sulla trascrizione delle spiegazioni fornite dal Maesto Tada durante i suoi insegnamenti al Gessoji Dojo e al Tada-Juku Oshu Dojo (guidato dalla Maestra Sugawara Mikiko). Tali testi sono stati approvati dal Maestro Tada dopo essere stati prima controllati dal suo Vice, il Maestro Tsuboi Takeki, e dal Maestro Goto Kiichi. Le spiegazioni fornite dal Maestro Tada durante gli allenamenti sono piene di vigore e di vitalità, fornendo una moltitudine di insegnamenti non solo ai suoi seguaci ma anche a persone estranee all'aikido. Il Maestro ha condotto profonde ricerche su varie idee ed argomenti tra loro strettamente collegati quali la filosofia del Maestro Ueshiba Morihei, gli insegnamenti del Maestro Nakamura Tempu, gli insegnamenti delle arti marziali classiche, il Buddismo, lo yoga, e così via. Nelle sue lezioni, il Maestro Tada riesce a fornire spiegazioni di concetti complessi tramite parole semplici, senza dimenticare di inserire qua e là elementi di grande umorismo.

Gli insegnamenti del Maestro Tada racchiusi in questo volume danno la possibilità ai lettori di comprendere con termini famigliari le idee del Maestro Ueshiba Morihei e di accedere allo spirito e al metodo dell'aikido, che é pensato in maniera positiva per realizzare la pace nel mondo.

É mio assoluto convincimento che gli insegnamenti del Maestro Tada forniscano un'ispirazione profonda sia agli studenti di aikido che a coloro che aspirano a migliorare la propria esistenza. Vorrei infine ringraziare di cuore il Maestro Tada, il Maestro Tsuboi, tutte le persone del Gessoji che mi hanno aiutato nell'opera editoriale di questo volume, e anche ai miei gemitori e fratelli per il grande supporto fornitomi.

多田先生と月窓寺道場　後藤 喜一

Il Maestro Tada e il Gessoji Dojo Goto Kiichi

Movimenti in estensione e chiare linee tracciate nello spazio. Innumerevoli tecniche e forme create con vigore ed assoluta destrezza. Questo volume "KINOREMMA" (Esercizi dello Spirito) é una raccolta di foto del Maestro Tada pubblicate per commemorare il 50esimo anniversario della fondazione del suo primo dojo di aikido in Italia. Il volume racchiude sublimanente l'espressione dei risultati raggiunti dal nostro Maestro tramite la pratica dell'aikido, iniziata da quando entrò nell'Ueshiba Dojo nel 1950.

Tutte le foto inserite in questo volume sono state scattate dalla signora Yamamoto Kaori all'interno del Gessoji Dojo e in alcune parti del tempio circostante. Il tempio Untosan Gessoji si trova a cinque minuti a piedi dalla stazione di Kichijoji e lo si raggiunge dopo aver attraversato una animatissima via piena di negozi, di rumori, e di luci. Ma appena oltrepassato il cancello di legno massiccio del tempio ci si ritrova come d'incanto circondati da un'atmosfera di assoluta serenità.

Sono ormai passati 38 anni da quando il Maestro Tada ha aperto questo dojo. E l'idea si deve al suo incontro con il Reverendo Murao Shoken, il 27esimo priore del tempio Gessoji. Al suo rientro dall'Italia, il Maestro Tada andò a vivere con la moglie nella casa dei suoceri a Kichijoji. E fu quando stava ristrutturando una stanza di quella casa, usata dalla moglie per la pratica della musica, al fine di ricavarne una piccola cucina, che il Maestro Tada sentì una voce giungere da una finestra aperta: "Certo che lei é proprio un gran lavoratore!" Era nient'altro che la voce del Reverendo Murao, che abitava lì accanto. E fu così che i due si conobbero.

Il Reverendo Murao era molto interessato all'aikido e si diede da fare per aiutare il Maestro Tada nella ricerca di un posto adatto per aprire un dojo, ma senza successo. Dopo un pò di tempo, quando scomparve l'allora Priore del Gessoji, si tennero all'interno del tempio sia i funerali che una cerimonia per la nomina del nuovo Priore, il Reverendo Murao Shoken per l'appunto. Per adempiere a queste funzioni venne eretto un edificio prefabbricato dietro il padiglione principale del tempio. E non appena queste funzioni terminarono, il Reverendo Murao suggerì al Maestro Tada di usare questo prefabbricato come sede per il suo dojo di aikido. Fu così che il Gessoji dojo ebbe inizio nel 1976. Nel 1979 venne poi completata la costruzione di un edificio permanente, a cui venne dato il nome di "Kissho-kaku", che comprendeva anche una stanza per la cerimonia del té, camere per ospiti, e l'attuale area dove sono stesi i tatami del nostro Gessoji dojo.

Essendo il Gessoji un tempio Buddista Zen della setta "Soto", la pratica dell'aikido é intesa come parte delle attività educative. Il Reverendo Murao é anche il "capo" del dojo e, sin dalla sua creazione, ha sempre partecipato con la moglie agli allenamenti di quello che lui chiama "Zen in movimento".

Le lezioni mensili di "Zazen" che si tengono al tempio sono frequentate da una varietà di persone, ad iniziare dal Maestro Tada fino ad una fitta schiera di principianti. Il Reverendo Murao ci dice sempre di non sedere staticamente nella stessa posizione, ma di percepire la sensazione che ogni respiro é diverso da quello precedente. E questo insegnamento é anche usato dal Maestro Tada nelle sue lezioni quotidiane quando pone enfasi sulla respirazione. Gli insegnamenti del Reverendo Murao dell' "armonia tra corpo e spirito" combaciano appieno con l'aikido praticato dal Maestro Tada, che invita appunto ad unificare il corpo e la mente senza porsi in un atteggiamento di opposizione a chi ci si pone contro. É sotto la guida del Reverendo Murao e del Maesto Tada che, in questo dojo, uomini e donne di ogni età praticano l'aikido in un'atmosfera di pace e libertà. Tra questi c'é anche un numero in costante aumento di praticanti che provengono dall'Aikikai d'Italia.

Se il Reverendo Murao e il Maesto Tada non si fossero conosciuti, certo é che oggi il Gessoji Dojo non esisterebbe. Osservare le fotografie incluse in questo volume riempie il mio cuore di gioia: mi fa percepire la grazia delle connessioni del Buddismo e mi fa sentire estremamente privilegiato per il fatto di poter praticare in questo dojo.

多田 宏 師範 略歴
Breve Biografia del Maestro Tada Hiroshi

1929   Nasce a Hongo, Tokyo.

1950   Entra a far parte del Ueshiba Dojo e diviene un discepolo del Maestro Ueshiba Morihei e del Maestro Ueshiba Kisshomaru. Diviene anche discepolo del Maestro Nakamura Tempu, fondatore della "Tempu-Kai", e del Maestro Hino Masakazu, capo dell' "Ichi-Ku-Kai" Dojo.

1951   Digiuna per tre settimane al Tempio Hojuji nei paraggi del passo di Kobotoke.

1952   Si laurea presso la facoltà di legge dell'università Waseda con specializzazione nella pratica e nello studio dell'aikido.

1957   Viene promosso a sesto dan e diviene insegnante di aikido presso l'Hombu Dojo dell'Aikikai e il Ministero della Difesa (giapponese), poi dell'università Gakushuin, dell'università Keio e del gruppo dell'Aikikai dell'università Waseda.

1961   Fonda il Jiugaoka Dojo.

1964   Si trasferisce in Europa con il proposito di promuovere l'aikido e inizia ad insegnare a Roma. Impartisce dietro richiesta del Ministero degli Interni un corso intensivo di aikido di tre mesi presso la stazione della Polizia di Nettuno. Promuove la diffusione dell'aikido in varie altre parti d'Europa.

1965   Viene promosso a settimo dan.

1970   Viene promosso ad ottavo dan; sposa la musicista Yamakawa Kumi.

1971   Rientra in Giappone; nasce il figlio Takemaru.
Inizia a viaggiare regolarmente ogni anno in Europa per insegnare l'aikido.
Conosce il Reverendo Murao Shoken, Priore del tempio Gessoji, un tempio della seta Soto di Buddismo Zen che si trova a Kichijoji, Musashino-shi.

1976   Fonda il Gessoji Dojo all'interno del tempio Unto-san Gessoji.

1978   Fonda l'Associazione di Cultura Tradizionale Giapponese, una fondazione non a fine di lucro autorizzata dal governo italiano.

1994   Viene promosso a nono dan e riceve una medaglia al merito per il servizio offerto alla promozione delle arti marziali.
Viene organizzato a Roma il 30esimo anniversario della fondazione dell'Aikikai d'Italia.

1996   Scompare la moglie Tada Kumi.

2000   Celebrazione del 50esimo anniversario dell'ingresso di Tada Hiroshi nell'Ueshiba Dojo.

2004   Celebrazione del 40esimo anniversario dell'Aikikai d'Italia.

2014   Celebrazione del 50esimo anniversario dell'Aikikai d'Italia.

Oggi   Svolge le funzioni di insegnante di aikido presso l'Hombu Dojo dell'Aikikai e di istruttore capo della Fondazione di Cultura Tradizionale Giapponese; Membro dell'Associazione Internazionale di Aikido; Maestro Onorario dell' "Aikido-kai" dell'università Waseda; Maestro della "Aikido Kiren-kai" dell'Università di Tokyo.

線を描く
Tracciare una linea

C'é una linea lungo la quale la spada va usata. C'é una linea lungo la quale ti devi muovere. Traccia con chiarezza linee in tutte le direzioni.

相手を見ない
Non guardare il tuo avversario

La linea dove cade lo sguardo si estende automaticamente a 45 gradi. É come poterne toccare il movimento. Non ci si deve pensare.

Non c'é altro modo che quello di allenarsi con fervore per muoversi con naturalezza.

気の流れ — 64
Flussi di energia

L'allenamento di aikido dovrebbe essere per un venti percento basato sulla disciplina imposta dalle tecniche e per il restante ottanta percento da flussi di energia.

Se ci si concentra per un tempo maggiore su allenamento fisico i sensi si affievoliscono.

動けば技が生まれる
Le tecniche nascono muovendosi

Il Maestro Ueshiba Morihei diceva spesso che "le tecniche nascono muovendosi".

Per essere in grado di mettere in pratica questo insegnamento e far sì che le proprie gambe riescano a muoversi velocemente ed in libertà, occorre allenarsi assiduamente con il movimento dei piedi (ashisabaki)

乗る
Allenarsi

Focalizzati sull'entrare in sintonia con l'allenamento, con naturalezza, estendendo il tuo corpo. Diventando un tutt'uno con l'allenamento ci si estende in sintonia con la natura. In tal modo, più ci si estende, più l'allenamento diventa intenso.

Detto in parole semplici é come entrare in un leggero stato di trance. Ci si confonde con l'oggetto che si ha di fronte senza però farsi trasportare da esso.

Il Maestro Ueshiba Morihei usava definire questo stato come "amore". Nel momento stesso in cui ci si unisce totalmente all'oggetto che si ha di fronte, senza opporvisi, ci si può muovere in totale libertà.

É così che si entra nello stato di *Samadhi*. É così che ci si allena.

三昧境へ — 72
Entrare nello stato di *Samadhi*

Il Maestro Ueshiba Morihei ci ha lasciato questo insegnamento supremo: che bisogna essere in grado di usare le regole che si imparano tramite l'aikido all'interno della società in cui viviamo.

Le arti marziali si possono infatti intendere come un mezzo per entrare in uno stato di *Samadhi*. Scienziati, artisti, professionisti, chiunque di noi può estendere le proprie capacità e le proprie forze una volta entrato nello stato di *Samadhi*.

Quando si riesce a rivolgere il proprio spirito verso gli aspetti positivi del mondo che ci circonda e si entra in uno stato di *Samadhi*, si é in grado di raggiungere qualsiasi vetta.

武道は技術ではない。生き方である。 — 83
Aikido come metodo di vita

Che l'aikido non sia un'arte marziale basata su di una serie di tecniche bensì un metodo di vita, é un insegnamento che ci ha trasmesso il Maestro Ueshiba Morihei.

連想行
Esercizi di immaginazione mentale

Svuota la tua mente all'istante. Eppoi visualizzati con la mente mentre esegui delle tecniche di aikido con estrema destrezza. Immaginati in una situazione dove percepisci tutti i suoni e dove hai il completo comando del senso tattile delle cose che ti circondano. Assimilati all'ambiente circostante.

Quando si fanno esercizi di immaginazione mentale di sera, é bene ripercorrere con la mente in maniera chiara le varie cose fatte durante il giorno. Ed é anche bene correggere mentalmente tutte le situazioni in cui si é stati in difficoltà.

Questi sono esercizi così facili come lavarsi le mani. La regola cardinale é di non immaginarsi mai delle situazioni negative. É quando si immaginano situazioni positive che si riesce ad assorbire l'energia universale e che emergono con chiarezza le soluzioni ai problemi. E' nient'altro che una forma di manifestazione della forza vitale.

合気道に型はない — 48
In aikido non ci sono movimenti prestabiliti

Il Maestro Ueshiba Morihei usava spesso dire che "in aikido non ci sono movimenti prestabiliti."
Per imparare le tecniche occorre capire le regole di base sulle quali queste tecniche si costruiscono. Dato che in quasi i tutti i casi si tratta di regole invisibili e senza forma, occorre ricordarsi con estrema precisione le regole che sottostanno alle equazioni e alle definizioni dei principi seguiti nell'allenamento.

心は音楽家、身体は楽器
Lo spirito é il musicista e il corpo lo strumento musicale

Se ci si immagina l'aikido come una composizione musicale, lo spirito diviene il musicista ed il corpo lo strumento con il quale si esegue la sinfonia. Il corpo va pertanto mantenuto in perfetta forma, come uno strumento musicale perfettamente accordato.
Per fare ciò occorre focalizzarsi sulle tecniche di respirazione, sugli esercizi di immaginazione mentale e sulla meditazione.
Il proprio corpo va coltivato con estrema cura, come se fosse uno Stradivari. E così facendo si diventa in grado di suonare la musica sublime dell'aikido.

全身に気を入れる
Riempirsi il corpo di energia

Assumi un atteggiamento mentale di assimilazione istantanea con l'universo trasparente che ti circonda.
Contrai l'ano e riempi di energia vitale la parte bassa dello stomaco, mantenendo una condizione di completo rilassamento.
Respira in profondità mentre rilassi completamente la muscolatura.
Ecco come ci si riempie il corpo di energia.

同化力
Capacità di assimilazione

Usa la forza per entrare in sintonia con l'ambiente che ti circonda, senza opporti ad esso. Sintonizza il tuo respiro con il soffio dello spirito universale ed usalo in flusso continuativo.

先の先 — 56
Prima dell'inizio

Avanza con energia verso il tuo avversario e mettilo in una condizione per cui ti scagli un colpo in testa tenendoti per la spalla.
Devi essere tu a creare per primo lo spazio d'azione della tecnica. Devi muoverti prima che la tecnica abbia inizio. Il muoversi prima dell'inizio (*sen no sen*) fa parte dell'allenamento delle arti marziali. Devi creare in anticipo le condizioni per non essere in svantaggio.
Nel momento in cui l'avversario sferra l'attacco e ti colpisce devi essere già entrato per l'ottanta percento all'interno della tua tecnica.

磁石の手
Mani come calamite

Estendi sempre le tue mani come calamite per invitare il tuo avversario nella tecnica.
Mani che non tremano, mani che restano sempre rilassate, mani che non temono nulla e mani che non indugiano mai.
Quando estendi le tue mani é come sentire il suono cupo di una campana che si diffonde nell'universo, mentre le mani del tuo avversario entrano all'interno delle tue, attirate dentro il tuo movimento.

振魂
Vibrazioni dell'anima

Oh Dio Haraedo, oh Dio Haraedo (*Haraedo no Okami*).
Il mio spirito si unisce allo spirito dell'universo.
Diventa un tutt'uno con lo spirito dell'universo immenso.
Si unisce allo spirito del Dio Haraedo.

Oh Dea Amateratsu. Oh Dea Amateratsu (*Amateratsu Omikami*).
Tu che simboleggi la grande forza dell'universo.
Mi unisco a te, oh Dea Amateratsu.
Divento il cristallo della forza e della saggezza dell'universo. Sono un cristallo di forza pura.
Tutti noi diventiamo di fatto cristalli di saggezza e forza dell'universo.

Oh Dio Ameno Minakanushi. Oh Dio Ameno Minakanushi (*Ameno Minakanusi no Okami*).
Oh Dio della creazione dell'universo.
L'inizio della nostra vita coincide con l'inizio dell'universo.
La nostra vita diviene un frangente della vita dell'universo immenso.
Diventiamo un tutt'uno con l'universo.

宇宙の子として — 35
Figli dell'Universo

Gli esseri umani sono figli dell'universo. Ecco perchè é necessario organizzare il nostro spazio d'azione e trasformare tutto in maniera positiva. La nostra vita é un cristallo di saggezza e di forza universale.

In quanto esseri umani siamo figli dell'universo. Dobbiamo entrare in uno stato d'animo che ci consenta di contribuire al progresso e allo sviluppo dell'umanità tramite la condizione di trasparenza che abbiamo ricevuto dall'universo.

É così che riusciamo a creare il nostro spazio d'azione.

自分が主宰者
Organizzare il proprio spazio d'azione

Il fatto di organizzare il proprio spazio d'azione non significa agire con egoismo. In quanto figli dell'universo, dobbiamo saper organizzare con responsabilità lo spazio che ci é stato assegnato dall'universo.

Questa condizione non cambia sia in presenza di persone molto importanti o di persone molto più forti di noi.

Non dobbiamo mai porci in una situazione di contrasto con le persone con le quali veniamo in contatto. E non dobbiamo preoccuparci di chi abbiamo di fronte.

Ma ciò non vuol dire diventare scortesi od ignorare gli altri. Dobbiamo riuscire a non farci conivolgere pur essendo consapevoli di come ci si deve porre nei confronti degli altri.

É molto importante assumere una condizione per cui la nostra anima resta pulita e trasparente. Pulendo lo specchio della nostra anima si riesce a vedere la verità.

絶対的観念と相対的観念 — 40
Concetto di assolutezza e di relatività

Il concetto di assolutezza si concretizza con il distacco dall'oggetto che si ha di fronte e con la capacità di assimilazione all'oggetto.

Al contrario, il concetto di relatività si manifesta quando ci si scontra con l'oggetto che si ha di fronte: quando le due forze si oppongono l'una all'altra.

留まる心と病
Spirito in situazione di incertezza e malattie

Quando lo spirito non riesce a distaccarsi dall'oggetto e rimane in situazione d'insicurezza e di rigidità, se tale incertezza di trasferisce dallo spirito al corpo é facile ammalarsi.

Sebbene l'aspetto si mostri forte, in realtà la rigidità maschera debolezza. Le preoccupazioni si incarnano in noi. Più ci si preoccupa della malattia e più si cade schiavi di essa. Si perde la concentrazione. Si entra in un circolo vizioso.

Quando ci si ammala é meglio innanzitutto lasciarsi andare alla malattia così come foglie che vengono trascinate dalla corrente del fiume.

Poi bisogna ricevere energia dall'universo e far in modo di dimenticarsi della malattia. Occorre saper aspettare che si manifesti il potere curativo della natura. Si tratta di riuscire ad utilizzare la forza vitale della natura.

Lo stesso vale per le tecniche usate nelle arti marziali. E per le opere realizzate dagli artigiani e dagli artisti. Anche il modo per curarsi dalle malattie dipende da come utiizziamo la nostra forza vitale.

誓詞
Giuramento

Giuro
Di vivere ogni giorno
Senza paura, rabbia e tristezza
Con onestà, gentilezza, e gioia
Con forza, coraggio, e fede
Adempiendo ai doveri nella mia vita
Sempre coltivando amore e pace
E vivendo appieno come un vero uomo.

透明な心
Animo puro

Nelle arti marziali il termine "suki" si referisce al fatto di non essere preparati e si manifesta in uno stato mentale che produce emozioni negative quali la rabbia, la paura, la tristezza, e la gelosia. É molto importante riuscire ad allontanare questo stato mentale di "suki" dalla propria vita. Tuttavia ció non significa adottare un atteggiamento difensivo.
Se si entra in una posizione di difesa ci si preoccupa troppo del proprio avversario e si cade nel "suki". Occorre coltivare un animo puro e trasparente per poter riconoscere il proprio nemico, ma non temerlo. É solo così che la mente si rafforza, liberandosi dalla preoccupazione di chi ci si oppone.
Ed é solo allora che, come dicevano i maestri classici di arti marziali, c'é un nemico di fronte a te, ma non ci sono nemici nella tua testa.

天の浮橋
Ponte galleggiante in cielo 18

Il Mestro Ueshiba Morihei diceva spesso dell'importanza di stagliarsi su di un "ponte galleggiante in cielo".
Furono gli insegnamenti del Maestro Nakamura Tempu che ci permettono di capire con più profondità queste parole. Il loro significato sta nel ricevere la saggezza e la forza dell'universo unendosi ad esso tramite esercizi di respirazione.

プラナヤマ
Pranayama

In giapponese, il concetto di *pranayama* si puó esprimere con l'idea di "shuki no ho" (metodo di respirazione) oppure di "yoki no jutsu" (arte per sviluppare l'energia vitale).

Il mondo in cui viviamo si sostiene sulla base della saggezza e della forza dell'universo. Gli esseri umani vivono per effetto di questa forza. Tramite il *pranayama* siamo in grado di ricevere la forza universale e di trasformarla per poi farne uso come forza individuale. Si tratta come di una dinamo e di una batteria per gli esseri umani. La funzione della respirazione é nient'altro che quella di ricaricare questa batteria.

力の誦句
Metodi per coltivare la forza

Sono forza attiva.
Sono un cristallo di forza. Un cristallo in grado di vincere contro qualsiasi cosa Sono in grado di sconfiggere le malattie e il destino avverso.
Sono una forza in grado di vincere contro tutto e tutti
É esattamente così: Sono un cristallo di forza estremamente potente.

阿と吽
Alfa ed omega 24

La forza attraversa tutto il nostro corpo dalla pianta dei piedi fin sopra la testa. Dai tempi antichi, la forza e la saggezza dell'universo si associano a suoni che assumono significati diversi. Tramite l'emissione di suoni si riescono a rimuovere tensioni eccessive e a raggiungere uno stato di completezza. Il suono "aa" (*alfa*) simboleggia l'inizio dell'universo, mentre "unn" (*omega*) rappresenta il significato di capolinea dell'universo.

笑い
Risata

La risata ci consente di entrare all'unisono con l'energia universale. L'universo viene in esistenza tramite le vibrazioni del prana, che sta alla base di tutta l'energia. Il prana puó essere descritto come l'oscillazione dello spirito, dell'energia creativa e positiva. Al tempo stesso esistono peró anche oscillazioni negative che tendono a riportare tutto indietro, allo stato originario di energia. Con la risata riusciamo ad eliminare le tensioni superflue e ad entrare in sintonia con le vibrazioni dell'energia positiva.

Ah-ha-ha-ha, Ih-hi-hi-hi, Uh-hu-hu-hu
Eh-he-he-he, Oh-ho-ho-ho, M-m-m-m

気の錬磨
KINOREMMA

多田 宏 師範 写真集

Una Collezione Fotografica del Maestro Tada Hiroshi

イタリア合気会50周年記念　50esimo Anniversario dell'Aikikai d'Italia

撮影 山本カオリ　Foto di Yamamoto Kaori

人の繋がり　多田宏 ……… 2
Interconnessioni Personali　Tada Hiroshi

Era il 25esimo anno dell'era Showa (1950) quando, studente ventenne dell'università Waseda, venni presentato da un amico al Maestro Ueshiba Morihei, fondatore dell'Aikido, e al Maestro Nakamura Tempu, creatore del "Shinshin-Toitsu-Ho" (metodo per l'unificazione di corpo e spirito). Entrambi sarebbero diventati miei maestri per tutta la vita. Divenni loro discepolo ed iniziai ad allenarmi seguendo i loro insegnamenti. Da allora, sono passati 64 anni.

Alcuni di questi anni li trascorsi in Europa. Poi, dopo essere rientrato in Giappone mi sposai con Yamakawa Kumiko, violinista, ed iniziai a vivere nella casa dei suoi genitori nei pressi del parco Inokashira. Successivamente conobbi il Reverendo Murao Shoken, che allora viveva vicino a casa nostra. É da questo incontro che di fatto é nato il dojo di aikido che si trova oggi all'interno del tempio Gessoji.

Guardando al passato, é chiaro come tutto dipenda dalle connessioni che si stabliscono tra le persone e come tutto nasca dal modo in cui ci si aiuta gli uni con gli altri. Tutti gli eventi straordinari che caratterizzano il nostro mondo sono legati dal filo delle relazioni che si stabiliscono tra le persone.

L'aikido é un'arte marziale che pone molta importanza al modo in cui le persone si collegano le une alle altre. Un obiettivo fondamentale dell'allenamento in aikido é di "rinvigorire la nostra forza vitale e nutrire tale forza non per scontrarsi con chi si oppone a noi, bensì per poter guardare all'interno dei nostri cuori, così come ci si riflette in uno specchio, e per poter raggiungere uno stato d'armonia e di concentrazione fisica e mentale, per poi contribuire al progresso e all'evoluzione dell'universo".

Questo modo di porsi nei confronti dell'apprendimento é fortemente radicato all'interno della cultura giapponese e del suo popolo. Nello stato di confusione crescente che caratterizza il mondo del XXI secolo, l'aikido aiuta a farci apprezzare l'importanza di questi valori.

Voglio estendere il mio più sentito e caloroso ringraziamento per la pubblicazione di questo bellissimo volume, che avviene in concomitanza con il 50esimo anniversario della fondazione dell'Aikikai d'Italia.

合気道とは ……… 4
Cos'è l'aikido

L'aikido é una forma moderna di arte marziale. Ma cos'é una forma moderna di arte marziale? É un'arte marziale che serve come metodo per rafforzare la nostra energia vitale e per consentirci di farne uso quotidiano. Come usava ripetere il Maestro Ueshiba Morihei: "Il vero aikido si manifesta quando siamo in grado di farne uso quoditiano".

安定打坐 ……… 6
Meditazione

Non c'é sempre bisogno di un posto tranquillo per meditare. Una volta raggiunta serenità interiore anche il fuoco riesce a raffreddarsi da solo.

活力吸収法の誦句 ……… 12
Metodi di respirazione per rinvigorire l'energia vitale

La capacità di rafforzare l'energia vitale risiede all'interno del nostro immenso e misterioso universo. Quest'energia vitale, che usiamo per ottenere i risultati voluti, si coltiva con il metodo di concentrazione *pranayama* che ci permette di attivare tutti gli organi interni del nostro corpo e anche le sue parti infinitesimali, insegnandoci a mantenere un continuo atteggiamento di profondo ringraziamento.

呼吸法
Metodi di respirazione

Le condizioni di vita nel nostro pianeta sono tali per cui riceviamo l'ossigeno all'interno del sangue. Le condizioni di vita nell'universo sono tali per cui la sapienza e la forza umane vengono trasmesse per via del sistema nervoso attraverso il plesso solare e diventano tali nel momento in cui entrano a far parte delle nostre cellule.

あとがき 山本 カオリ

Afterword Yamamoto Kaori

Half a century has passed since Tada Hiroshi Sensei established the Aikikai of Italy. It has been arranged that Tsukiai-kai, which is the friendship club of aikido students at the Gessoji Dojo, should publish a collection of photographs entitled KINOREMMA [Cultivation of Ki-Energy] in commemoration of its 50th anniversary. I find it a great pleasure as photographer and aikido student to have the honor of being involved in the publication procedure of the collection.

When I started to think of the general plan of its publication, what immediately occurred to me was the idea of such a book as would portray the Gessoji Temple and its dojo and help us experience renso-gyo [association training] by way of reading. Sensei often emphasizes in his lessons the importance of practicing pure-minded well-structured association. Indeed, art emerges from the associative connections of beautiful ideas. If you have no picture in your mind that you want to represent, you cannot find a proper object in the real world to be photographed. Therefore, I thought I would represent the world, described in Tada-sensei's words, where beautiful scenes in the Gessoji Temple are integrated with budo as art and man and nature are unified. Then, the readers who open this book would always find themselves living in harmony with Sensei's teaching. With those images in mind I have engaged myself in taking pictures and editing materials.

This year Oga lotus flowers in the precinct of the Gessoji Temple came into fuller bloom than usual, enabling me to represent in the form of those flowers the heart of Buddha in every one of us as a child of the universe. When I could capture those flowers in my photographs, I felt as if I had been led by the Buddha in the Gessoji Temple to do so.

All the photographs of Sensei's performances finally added up to thousand pieces, and, finding it extremely difficult to narrow them down to a small collection, we set up one criterion for selection. Tada-sensei, having spent so much time teaching aikido in Europe, has such a Western air around him that, every time I saw his aikido performances, I always associated them with works of art of da Vinci, Michelangelo, or Rodin. It may be because the moves in aikido are universal, having many things in common with Western mythologies, paintings, and sculptures. The criterion, therefore, is conformity to the physical representations in the Western classical art, mainly in the Renaissance, and by this criterion we narrowed the photographs down to the present collection. Few people other than Tada-sensei can express in aikido such physical beauty that goes beyond the opposition and integration of Eastern and Western aestheticism.

Written texts are based on Sensei's recorded talks at the Gessoji Dojo and the Tada-juku Oshu Dojo (of which the head is Sugawara Mikiko Sensei), checked by Tsuboi Takeki Sensei, Assistant Master of the dojo, and Goto Kiichi Sensei, and finally approved by Tada-sensei. Tada-sensei's talks at training sessions are full of liveliness and vigor, and instructive not only to his students but also to many outsiders. Sensei has conducted extensive research into many mutually related ideas: Ueshiba Morihei Sensei's philosophy, Nakamura Tempu Sensei's teachings, budo classics, Buddhism, yoga, etc. Sensei explains those profound ideas in plain words, sometimes with great humor, in his lessons. Sensei's teachings in this book will enable the readers to understand Ueshiba Morihei Sensei's ideas in familiar terms and get a glimpse of the spirit and methodology of aikido which is designed positively to create the peace of the world.

I truly believe that Tada-sensei's teachings will provide a leading light to aikido students as well as those people who aspire to better lives. Finally, I would express my heartfelt thanks to Tada-sensei, Tsuboi-sensei, and all the people at the Gessoji Dojo who helped me with the editorial work, and also to my parents and brothers for their great support.

多田先生と月窓寺道場　後藤 喜一
Tada-sensei and the Gessoji-dojo Goto Kiichi

Those graceful movements trailing clear flowing lines, and innumerable moves and techniques produced with utmost vigor and elegance. KINOREMMA [Cultivation of Ki-Energy], a collection of Tada Hiroshi Sensei's photographs published to commemorate the 50th anniversary of the foundation of his first aikido dojo in Italy, beautifully captures them as a representation of what our master has achieved in practicing aikido since he entered the Ueshiba Dojo in 1950.

All the photographs in this collection were taken by Ms. Yamamoto Kaori at the Gessoji Temple (Musashino City, Tokyo) and the Gessoji Dojo in one part of its precinct. The temple is located within five minutes' walk through the din and bustle of the shopping streets from Kichijoji Station. Once you get into the thickly wooded precinct, you are suddenly surrounded by its serene atmosphere.

Thirty-eight years have passed since Tada-sensei became the master of this dojo, which grew out of the encounter between him and the Reverend Mr. Murao Shoken, the twenty-seventh Master of the Gessoji Temple. After returning from Italy, Sensei was living in a house inside the grounds of his wife's parents' home in Kichijoji. When he was doing a work of carpentry for his wife, who was a professional musician, to transform one part of her practice room into a kitchen, a voice came from an open window: 'You are a hard worker!' It turned out to be the voice of his Reverence, who then happened to live next door to Sensei. This is how they first met each other.

His Reverence was greatly interested in aikido and helped Sensei look for a suitable place for a dojo, but without success. After that, the former Master of the temple passed away, and his funeral and the installation of the new Master took place at the temple. At that time a prefabricated building was put up behind the main hall. After those ceremonies his Reverence suggested that Sensei should use the building as a dojo, and thus our dojo was established in 1976. In '79 Kissho-kaku [the Kissho Building] was completed, including a tea room, guest halls, and a training hall, which became the home of our Gessoji Dojo.

Gessoji, being a temple of the Soto-sect of Zen Buddhism, operates its aikido dojo as part of its educational activities. His Reverence is also the head of the dojo and has participated with his wife in the training of aikido, which he always calls 'Zen in motion'.

Monthly Zazen sessions at the temple for lay people are attended by many people from the dojo from Tada-sensei down to beginners. His Reverence always tells us not to sit in the same old rut but to breathe every breath afresh. This teaching is also put into practice in Tada-sensei's daily lessons with emphasis on breathing. His Reverence's teaching of 'the oneness of mind and body' agrees also with Sensei's aikido which invites us to unify mind and body without putting ourselves in opposition to our opponents.

Under the supervision of his Reverence and Tada-sensei, men and women of all ages are practicing aikido in an atmosphere of brightness and freedom in this private dojo. An increasing number of visiting students from the Aikikai of Italy are practicing here. If his Reverence and Tada-sensei had not met, the Gessoji Dojo would not exist today. Looking at the trial prints of photographs, I truly rejoice in the publication of this book, feeling the grace of Buddhist connections and finding myself extremely lucky again in being allowed to practice at this dojo.

多田 宏 師範 略歴
A brief history of Master Tada Hiroshi

1929	Born in Hongo, Tokyo.
1950	Entered the Ueshiba Dojo and became a disciple to Ueshiba Morihei Sensei and Ueshiba Kisshomaru Sensei; also became a disciple to Nakamura Tempu Sensei, founder of Tempu-kai as well as to Hino Masakazu Sensei, head of the Ichi-ku-kai Dojo.
1951	Fasted for three weeks at the Hojuji Temple in the Kobotoke Pass.
1952	Graduated from the Law Faculty, Waseda University; specialized in the training and study of aikido.
1957	Promoted to the sixth-dan in aikido; became the aikido master of the Aikido Hombu Dojo, the Ministry of Defense, and later of Gakushuin University, Keio University, and the Aikikai of Waseda University.
1961	Established the Jiyugaoka Dojo.
1964	Went to Europe for the purpose of promoting aikido and started to teach aikido in Rome; Requested by the Italian Ministry of Home Affairs to teach a three-month intensive course of aikido; Promoted aikido in many parts of Europe.
1965	Promoted to the seventh-dan.
1970	Promoted to the eighth-dan; married Yamakawa Kumi, musician.
1971	Returned to Japan; had his first son Takemaru; after this, travelled to and from Europe every year to teach aikido; got aquainted with the Reverend Mr. Murao Shoken.
1976	Founded the Gessoji Dojo in the precinct of Unto-san Gessoji, a temple of Soto sect of Zen Buddhism.
1978	Established the Association of Traditional Japanese Culture (predecessor of the Aikikai of Italy) as a nonprofit foundation authorized by the Italian government.
1994	Promoted to the ninth-dan; received an award for distinguished service to the promotion of budo; held in Rome the Meeting of Aikido Demonstration in commemoration of the 30th anniversary of the Aikikai of Italy.
1996	Lost Hiroshi's wife Tada Kumi.
2000	A party held in celebration of the 50th anniversary of Tada Hiroshi's entrance into the Ueshiba Dojo.
2004	A party held in celebration of the 40th anniversary of the Aikikai of Italy.
2014	A party held in celebration of the 50th anniversary of the Aikikai of Italy.
Present	Teaching aikido as Master of the Aikikai Hombu Dojo, Head Instructor at the Italian Foundation of Traditional Japanese Culture, Member of the International Aikido Association, Honorary Master of the Aikido-kai of Waseda University, and Master of the Aikido Kiren-kai of the University of Tokyo.

You are the first to control the space. This whole move is called "sen no sen" [ahead of the first]. Budo is meant to focus on the training of "sen no sen".
You move first to put yourself in a situation where there is no disadvantage.
It is important to bring your move to eighty percent completion at the time of the first contact.

磁石の手
Magnetic hands

It is important to take the initiative to reach out your hand to invite your opponent just as a magnet attracts an object.
It must be a hand that will never give way, stiffen, be afraid, or hesitate at any moment.
Once you reach out your hand to extend its vibration booming to the universe,
Your opponent's hand will come into yours as if it had been drawn into it.

線を描く
Draw a line

There is a line along which a sword should be used.
There is a line along which you should move.
Draw a clear line in all directions.

相手を見ない
Do not look at your opponent.

Move automatically with your eyes cast forty-five degrees downward.
Just feel the movements. You cannot understand them by thinking about them.
All you have to do is just to keep practicing them.

気の流れ　64
The flow of ki-energy

In the training of aikido, focus should be placed twenty percent on physical techniques and eighty percent on the flow of ki-energy.
If physical training overweighs more than that, your senses will get dull.

動けば技が生まれる
Techniques are produced out of movements.

Ueshiba Morihei Sensei often said, 'techniques are produced out of movements.'
In order to make it possible, you need to do the training of footwork very hard so that your legs may move freely and smoothly.

乗る
Being into training

Assimilate yourself into training. Get smoothly into it. Extend yourself.
Assimilative training naturally leads to extensive moves.
Extensive moves will sensitize you in training.
In plain words, you go into a light trance.
Without caring about the object in front of you, you are unified with it.
Ueshiba Morihei Sensei referred to the state as love. In that unified state, without any opposition, you can move freely.
You enter into the state of Samadhi. You are into training.

三昧境へ　72
Into the state of Samadhi

What Ueshiba Morihei Sensei taught us was, in plain words, how to learn from aikido a set of rules for living and utilize them in society.
Budo is a system for guiding us into the state of Samadhi. Scientists, artists, craftsmen, all can fully exert their powers when they are in the state of Samadhi.
If you can turn you mind toward the positive side of the world and enter into the state of Samadhi, then you can reach the highest level in anything.

武道は技術ではない。生き方である。　83

Ueshiba Morihei Sensei told us that

Budo is not a set of techniques;
It is a way of life.

絶対的観念と相対的観念 — 40
Absolute conceptualization and relative conceptualization

Absolute conceptualization enables you to be free of the object in front of you and assimilate yourself with it.
On the other hand, relative conceptualization makes you conflict with your opponent.

留まる心と病
Lingering mind and illness

If you have competetive ideas and stiffen your body, you may easily become ill.
In other words, you easily lose mental and physical stability because of relative conceptualization.
That stiffness makes you look strong, but makes you weak instead. You are so concerned about it that you become an incarnation of concern.
Your mind is so much concerned about your sickenss that you are glued to sickness.
This situation is not concentration.
When you get ill, you should let yourself flow with it as a leaf in a stream, receive the power of the universe and forget your illness, and wait calmly for your natural healing power to work.
The important thing is to master how to use your life force. It is also true of martial arts.
It is also true of craftsmanship, medical care, and everything.

連想行
Association training

Make your mind empty.
Then, imagine the situation where you are doing techniques well.
You can hear sounds well and feel senses of touch well; just assimilate yourself with the images.
When you practice associative mediation at night, imagine clearly what happened that day.
You change the image of what went wrong into that of what goes successfully.
It is as simple as washing your hands. The rule number one is not to imagine negative things.
When you imagine positive things, the power of the universe properly comes into your mind, and necessary things appear.
Those things are the representation of life force.

合気道に型はない — 48
There are no patterned moves in aikido.

Ueshiba Morihei Sensei often said, 'There are no patterned moves in aikido.'
To learn the forms of techniques is to learn the basic rules underlying those forms.
Invisible rules are applicable to anything.
It is important, therefore, to learn properly those rules that underlie the equations.

心は音楽家、身体は楽器
Mind is a musician, and body is a musical instrument.

If you are to practice aikido as if to play a piece of music, you need a musical mind and a body that can express it like an excellent musical instrument.
Elevate your art through breathing, association training, and sitting meditation.
Craft your body as if it were a Stradivarius.
And you can practice aikido just as you play an excellent piece of music.

全身に気を入れる
Fill your whole body with ki.

Imagine that you are naturally assimilated into the transparent universe.
Stay relaxed with your anus closed and your lower abdomen filled with energy.
Stiffness goes out of your body and air comes in.
This is how your whole body is filled with ki.

同化力
Assimilative power

Use your power not antagonistically but assimilatively.
Use it in a flowing fashion, imagining that your breathing and the ki-energy of the universe are echoing with each other.

先の先 — 56
Ahead of the first

Make a first energetic move toward your opponent and drive him to deliver a straight blow at your head or grab you on the shoulder.

笑い
Laughter

Laughter enables us to assimilate ourselves with the functions of positive ki-energy.
The universe exists by the vibration of prana, which is the basis of all energy.
It can be described as the oscillation or undulation of ki, the undulation of positive energy.
On the other hand, the negative energy tends to bring everything back to the original state of energy.
Laughter takes away our unnecessary tension and enables us to assimilate ourselves with the vibration of positive energy.

Ah-ha-ha-ha, Ih-hi-hi-hi
Uh-hu-hu-hu, Eh-he-he-he
Oh-ho-ho-ho, M-m-m-m

振魂
Furu- Tama

Haraedo no Okami Hraedo no Okami
My mind is a part of the universe
My mind is unified with the great universe
Imagine that you are one with Haraido no Okami

Amaterasu Omikami Amaterasu Omikami
She is the symbol of the great power of the universe
Imagine that you are one with Amatarasu Omikami
I am a crystal of wisdom and power of the universe. I am a crystal of power.
In fact, each of us is a crystal of wisdom and power of the universe.

Ameno Minakanushi no Okami   Ameno Minakanushi no Okami
My life started at the same moment of the birth of tbe universe.
I am a part of the universe itself.

宇宙の子として
Children of the universe

Human beings are all children of the universe.
That is why it is necessary to organize your own place and use your ability and power in positive ways.
Our life is a crystal of universal wisdom and power.
Remember, we human beings are all children of the universe. We must play the role as children in the system of the universe.
Keep your mind empty in a natural way and remember to devote yourself to the evolution of the universe as its child.
This is the first step in organizing your own place, and now you are ready to maximize your ability as a child of the universe.

自分が主宰者
Organizing your own place

Organize your own place and move freely.
It does not means that you move selfishly.
You should remember that you organize the place as a child of the universe. You may also say that to organize your own place is to organize your own life.
Remember that our own place, that is your life itself, is given by the universe.
In your place, you are the only organizer. You do not have to care how much superior or strong your opponent is. You continue to be an organizer.
Do not compete with your opponent in front of you. Do not care very much about your opponent.
This does not mean, however, that you ignore your opponent. You are well aware but not concerned.
"Mei kyo Shi Sui" [a clean mirror and silent water]
Use your mind as a mirror.
Polish your mind just as you polish a mirror so that you can see the truth.

誓詞
The oath of the day

Here I swear
I shall live out this day
Without anger, fear and sadness,
Honestly, kindly and happily,
With power, courage and faith,
Doing my duties in life,
Always mindful of human love and peace,
And as a good citizen.

透明な心
Clear mind

The relative mind set brings out negative emotions such as angers, fear, sadness and jealousy. This condition, troubled by the relative mind set and obsession, is called "Suki" [unpreparedness] in Japanese martial arts.

You must remember how important it is to get rid of "Suki" in your mind, and be free from a relative mind set in daily life.

However, this does not mean you have to be alertly on your guard. If you are on your guard, you tend to be too much concerned with the opponent and are trapped in the state of "Suki".

You have to keep your mind clear and established but recognize your opponent well. Then, your mind is never attached or lean to the opponent, completely established and freed, and it becomes possible that as old martial-art masters said, there is an enemy in front of you but there is no enemy in your mind.

天の浮橋 ———————————— 18
The Floating Bridge in Heaven

'We must stand on Ama-no-uki-hashi [the Floating Bridge in Heaven]' said Ueshiba Morihei Sensei very often. Nakamura Tempu Sensei's teachings enabled me to understand those words more deeply. They represent the way we exercise breathing methods to receive the wisdom and power of the universe and assimilate ourselves with the universe.

プラナヤマ
Pranayama

Pranayama is also called in Japanese "Shuki-no-ho" [the method of gathering ki-engergy] or "Yoki-no-ho" [the method of cultivating ki-energy].
It is the system of receiving the basic power and ki-energy of the great universal through breathing.
The universal wisdom and energy enable this world to exist.
We all human beings live in this great power of the universe.
We all human beings borrow energy from the universe and make use of it as our vitality.
Let's receive the power deeply by breathing.
In this system, a human body works like a battery or a dynamo.
Just as you charge and electric battery, it is possible to generate power and charge it in your body.

力の誦句
The formula for cultivating power

I am power
I am a crystal of power of this universe
Which can beat anything in this world
Thus I will not be beaten by anything in this world
Even by sickness or my own fate
Yes
I can overcome everything in this world
I am a strong, strong crystal of universal power.

阿と吽 ———————————— 24
Alpha and omega

Clarify the center line and feel Ki run from the sole to top of head
Those sounds have their respective meanings.
The sound "Ahhh" means the origin of the universe.
The sound "Nmm" means the completion of the universe.
Remove extra tension in you mind and body and put them in order.
Tell yourself to unify with universal wisdom and power.
This is how the trainees have been advised to do from of old.

気の錬磨
KINOREMMA
多田 宏 師範 写真集
A Collection of Photographs of Master Tada Hiroshi

イタリア合気会50周年記念 Published in commemoration of the 50th anniversary of the Aikikai of Italy
撮影 山本カオリ　Photographed by Yamamoto Kaori

人の繋がり　多田宏 …… 2
Connections of People　Tada Hiroshi

In the 25th year of Showa, when I was a twenty-year-old Waseda University student, I was introduced by a couple of my acquaintances to Ueshiba Morihei Sensei, founding father of aikido, and Nakamura Tempu Sensei, originator of Shinshin-toitsu-ho [the mind-body unification method], both of whom were later to be my lifelong masters. I became a disciple to them and started to train myself under their instructions. Sixty-four years have passed since then.

I spent some of those sixty-four years in Europe. After my return to Japan, I married Yamakawa Kumiko, who was a violinist, and began to live in a house inside the grounds of my wife's parents' home near Inokashira Park. Then I got acquainted with the Reverend Mr. Murao Shoken, who at that time was living next door to us, and this is how an aikido dojo was established in the Gessoji Temple.

Thus looking back at the past events, I clearly see all of them as resulting from the connection and cooperation of people. All events in this world are connected to each other by human relationships.

Aikido is the type of budo which relies heavily on human connections. The main purpose of its training is to 'strengthen our life force, with which, instead of standing in tenacious opposition to others, we look fixedly into our heart as into a well-burnished mirror to attain a state of harmony, mental and spiritual concentration, and then to make a contribution to the evolution and development of the universe'. This teaching lies in the very foundation of our indigenous culture in Japan.

In the 21st century where the world seems to be sinking into a deeper confusion and turmoil, aikido will have a stronger presence. I really appreciate the publication of this wonderful book which commemorates the 50th anniversary of the Aikikai of Italy.

合気道とは …… 4
What is aikido?

Aikido is a modernized budo. What is a modernized budo? It is the type of budo that is designed to strengthen our life force, methodize the way to activate it in our daily lives. Ueshiba Morihei Sensei said, 'If you can make use of aikido in your everyday lives, it is the genuine aikido.'

安定打坐 …… 6
Meditation

Meditation does not always reqire a quiet place. If you establish your own philosophy, even fire can feel cool.

活力吸収法の誦句 …… 12
The formula for vital breathing

In this great expanse of the universe,
There is the power to strength our vital energy.
Now we are going to use a special breathing method called Pranayama,
Receive the energy not only to inner organs
But also to every part of the body.

呼吸法
Breathing methods

As beings on this planet, we receive oxygen into the blood circulation system by breathing. However, as beings in this universe, we receive the universal energy and wisdom into plexuses and cells via the nervous system.